N1合格！
日本語能力試験問題集
The Workbook for the Japanese Language Proficiency Test

N1 聴解
スピードマスター

Quick Mastery of N1 Listening

N1 听力 迅速的学得

N1 청해 스피드 마스터

青木幸子・塩川絵里子・藤田朋世・水野沙江香・渡部真由美 共著

Jリサーチ出版

はじめに

　日本語能力試験は2010年第1回試験より、「コミュニケーション能力」を重視した試験に生まれ変わりました。文法や文字・語彙について知識があるだけでなく、実際のさまざまな場面でそれらを総合的に使えることが大切だという考えに基づいています。

　本書は、N1からN5のレベルのうち、N1の「聞くこと」をテーマに作成しました。N1の「聞くこと」では、「幅広い場面において自然なスピードの、まとまりのある会話やニュース、講義を聞いて、話の流れや内容、登場人物の関係や内容の論理構成などを詳細に理解したり、要旨を把握したりすることができる」ということが目標とされます。

　以上のことから、本書は、試験に合格するのはもちろんのこと、日本語を学ぶ皆さんが、生活や学校、仕事など、さまざまな場面で日本語を運用してコミュニケーションをとることができ、さらに大学の講義やテレビのインタビュー、仕事の指示など、多岐にわたる話題での日本語も理解できるようになることをめざしています。

　本書の練習問題の中には、試験同様、皆さんのわからない言葉も出てきます。試験では幅広い場面での日本語を聞くため、これまでの試験対策のように、レベルに合わせて言葉を覚えるのではなく、場面に合わせて覚えていくことが重要です。こうすることによって、新しい日本語能力試験のめざす「使える日本語」へと近づくことが可能となるのではないでしょうか。

　本書が皆さんの目標達成のお役に立てれば幸いです。

著者一同

もくじ
Contents／目录／목차

はじめに ·· 3
Preface／前言／머리말

もくじ ·· 4
Contents／目录／목차

日本語能力試験と聴解問題 ·············· 6
Japanese Language Proficiency Test and listening comprehension exercises／
日语能力考试和听解问题／일본어 능력 시험과 청해 문제

この本の使い方 ································ 8
How to use this book／此书的使用方法／이 책의 사용법

ウォーミングアップ――キーワードを覚えよう ········· 10
Warming up―Learning Key Words／
准备活动――记住关键词／워밍업―키 워드를 외우자

PART 1　実戦練習 ································ 15
Practice exercises／实战练习／실전연습

問題 1　課題理解 ································ 16
Understanding the topic／理解题目／과제이해

問題 2　ポイント理解 ·························· 27
Understanding the main points／理解关键点／포인트이해

問題 3　概要理解 ································ 37
Understanding the gist of the passage／理解概要／개요이해

問題 4　即時応答 ································ 38
Responding in real time／速答／즉시 응답

問題 5　統合理解 ································ 39
Integrated Comprehension／综合理解／통합 이해

解答用紙（実戦練習用） ·············· 42
Answer sheet／答案纸／해답용지

PART 2 模擬試験 ·· 43
Mock examinations／模拟考试／모의고사

第1回　模擬試験 ··· 44
第2回　模擬試験 ··· 55

解答用紙サンプル ·· 66
Sample answer shee／答案纸样本／해답용지 샘플

解答用紙（模擬試験用）······································· 67
Answer sheet／答案纸／해답용지

別冊——スクリプトと答え
Appendix—Script and answers／附册—答案和听力内容／별책—스크립트와 해답

日本語能力試験と聴解問題

- ●目的：日本語を母語としない人を対象に、日本語能力を測定し、認定すること。
  ※課題遂行のための言語コミュニケーション能力を測ることを重視。
- ●試験日：年2回（7月、12月の初旬の日曜日）
- ●レベル：N5（最もやさしい）→ N1（最もむずかしい）

  N1：幅広い場面で使われる日本語を理解することができる。
  N2：日常的な場面で使われる日本語の理解に加え、より幅広い場面で使われる日本語をある程度理解することができる。
  N3：日常的な場面で使われる日本語をある程度理解することができる。
  N4：基本的な日本語を理解することができる。
  N5：基本的な日本語をある程度理解することができる。

レベル	試験科目	時間	得点区分	得点の範囲
N1	言語知識（文字・語彙・文法）・読解	110分	言語知識（文字・語彙・文法）	0～60点
			読解	0～60点
	聴解	60分	聴解	0～60点
N2	言語知識（文字・語彙・文法）・読解	105分	言語知識（文字・語彙・文法）	0～60点
			読解	0～60点
	聴解	50分	聴解	0～60点
N3	言語知識（文字・語彙）	30分	言語知識（文字・語彙・文法）	0～60点
	言語知識（文法）・読解	70分	読解	0～60点
	聴解	40分	聴解	0～60点
N4	言語知識（文字・語彙）	30分	言語知識（文字・語彙・文法）・読解	0～120点
	言語知識（文法）・読解	60分		
	聴解	35分	聴解	0～60点
N5	言語知識（文字・語彙）	25分	言語知識（文字・語彙・文法）・読解	0～120点
	言語知識（文法）・読解	50分		
	聴解	30分	聴解	0～60点

※N1・N2の科目は2科目、N3・N4・N5は3科目

- ●認定の目安：「読む」「聞く」という言語行動でN5からN1まで表している。
- ●合格・不合格：「総合得点」と各得点区分の「基準点（少なくとも、これ以上が必要という得点）」で判定する。

☞くわしくは、日本語能力試験のホームページ〈http://www.jlpt.jp/〉を参照してください。

N1について

	N1のレベル
読む	●幅広い話題について書かれた新聞の論説、評論など、論理的にやや複雑な文章や抽象度の高い文章などを読んで、文章の構成や内容を理解することができる。 ●さまざまな話題の内容に深みのある読み物を読んで、話の流れや詳細な表現意図を理解することができる。
聞く	●幅広い場面において自然なスピードの、まとまりのある会話やニュース、講義を聞いて、話の流れや内容、登場人物の関係や内容の論理構成などを詳細に理解したり、要旨を把握したりすることができる。

聴解問題の内容

	大問		小問数	ねらい
聴解	1	課題理解 ◇	6	まとまりのあるテキストを聞いて、内容が理解できるかどうかを問う（具体的な課題解決に必要な情報を聞き取り、次に何をするのが適当かを理解できるかを問う）
	2	ポイント理解 ◇	7	まとまりのあるテキストを聞いて、内容が理解できるかどうかを問う（事前に示されている聞くべきことをふまえ、ポイントを絞って聞くことができるかを問う）
	3	概要理解 ◇	6	まとまりのあるテキストを聞いて、内容が理解できるかどうかを問う（テキスト全体から話者の意図や主張などが理解できるかを問う）
	4	即時応答 ◆	14	質問などの短い発話を聞いて、適切な応答が選択できるかを問う
	5	統合理解 ◇	4	長めのテキストを聞いて、複数の情報を比較・統合しながら、内容が理解できるかを問う

◆以前の試験では出題されていなかった、新しい問題形式のもの
◇以前の試験の問題形式を引き継いでいるが、形式に部分的な変更があるもの

※小問の数は変更される場合もあります。

この本の使い方

この本は以下の4つのパートに分かれています。
This book is divided into the following 4 parts.／本书分为以下4部分。／이 책은 이하의 4개의 부분으로 나뉘어져 있습니다.

❶ ウォーミングアップ——キーワードを覚えよう
Warming up — Learning Key Words／
准备活动—记住关键词吧／워밍업—키워드를 외우자

序章では、問題練習を始める前の準備として、聴解問題の中で使われる可能性のある言葉やフレーズをリストアップしました。これらキーワードを各場面としっかり結びつけて覚えることが、得点アップにつながります。

The introductory section to this book gets you ready for the practice problems that come later by presenting a list of words and phrases that are likely to appear in JLPT listening comprehension problems. By mastering these expressions in their situational contexts, you can increase your potential to earn a higher score on the JLPT.／在序章中做正式练习之前，我们会做一些准备活动。文中将会列举出听力问题里有可能出现的单词、短语和句型。将这些关键词与各种场面紧密联系进行记忆，会提高我们能力考试的成绩。／서장에서는 문제 연습을 시작하기 전 준비로 청해 문제에서 사용될 가능성이 있는 말이나 문장을 리스트업했습니다. 이들 키워드를 각 장면과 제대로 연결해 외우는 것이 득점으로 연결됩니다.

❷ PART 1 実戦練習
Practice exercises／实践练习／실전연습

問題を実際にやってみることで、傾向や特徴をつかむことができます。

By trying your hand at actual exercises, you will be able to grasp trends and understand the distinct features of the test questions.／通过实际做题，能够把握规律和特征。／문제를 실제로 풀어 보는 것으로 경향과 특징을 파악할 수 있습니다.

●問題1（課題理解 Understanding the topic／理解题目／과제이해）
　問題2（ポイント理解 Understanding the main points／理解关键点／포인트이해）

質問が読まれてから会話を聞きます。質問は、問題1では「この人はこのあと何をするか」を問うものが多く、問題2では5W1H（誰、どこ、何、いつ、なぜ、どうやって）が中心です。質問に関係ない部分はわからなくても気にせず、大切なところをしっかり聞き取りましょう。

You will hear the conversation after the questions have been read. Question 1 will often ask things like "What will this person do after this?", while Question 2 will consist mainly of who, what, where, when, why or how questions. Don't worry about the irrelevant parts, even if you don't understand them.／问题被读出后听会话。在问题1中，多是提问"这个人在这之后要做什么？"问题2的重点是5W1H(谁、哪里、什么、何时、为什么、怎么做)。即使听不明白听力中与问题无关的部分，我们也不要着急担心。只要听懂重要的地方就可以了。／ 질문을 읽고 나서 회화를 듣습니다. 질문은 문제 1에서는 "이 사람은 이 다음에 무엇을 할까"를 묻는 것이 많고, 문제 2에서는 5W1H 누가, 어디에서, 무엇을, 언제, 왜 했는가 가 중심입니다. 질문과 관계없는 부분은 모르더라도 신경을 쓰지 말고 중요한 곳을 제대로 들읍시다.

●問題3（概要理解 Understanding the gist of the passage／理解概要／개요이해）

会話のあとに質問が読まれるので、しっかりメモを取って、全体を理解しなければいけません。

Since the questions are given at the end of each conversation, you need to take notes during the conversation and get a grasp on everything spoken.／听完会话之后，问题会被提出。大家应该认真记下要点，理解问题的整体含义。／회화 다음에 질문을 읽으니까 제대로 메모를 하여 전체를 이해하지 않으면 안 됩니다.

●問題4（即時応答 Responding in real time／速答／즉시 응답）

問題4では「人から何か言われたときに、どんな答え方がいいか」を問います。

Question 4 tests your ability to determine the appropriate response to something asked or stated.／问题4中,问的是"别人说自己什么的时候,用怎样的回答方式比较好"。／문제 4에서는「다른 사람이 무엇인가 물었을 때, 어떻게 대답하는 것이 좋은지」를 묻습니다.

●問題5（統合理解 Integrated Comprehension／综合理解／총합이해）

「長めのテキストを聞いて、いくつかの情報を比べたり結びつけたりしながら、内容が理解できるか」ということが問われます。質問が読まれるのは会話の後です。3人の人が話す場合も

あり、また、1つのテキストについて2つの質問がされる場合もあります。

This type of problem tests your ability to understand the content of somewhat lengthy audio passages that require you to compare various bits of information or draw links between them. The questions come at the end of each conversation. In some cases, the conversation may involve three speakers, and two questions may be asked about a single conversation.／重点是"听取一长段的听力内容后，比较和联系各方面的信息，看是否能够理解所听到的内容"。本段听力会话结束后，问题会被提出。有时会会问及到关于三个人的会话以及关于某段课文内容等两方面的问题。／「긴 텍스트를 듣고 몇 가지 정보를 비교하거나 연결시키면서 내용을 이해할 수 있는가」가 물어집니다. 질문을 읽는 것은 회화의 다음입니다. 세 사람이 말하거나 하나의 텍스트에 2가지 질문이 있는 때도 있습니다.

③ PART 2 模擬試験（2回分）
Mock examinations (two exams)／模拟考试（分2次）／모의테스트(2회분)

本番のつもりで、最後までやってみましょう。もう一度同じようにやってから答え合わせをすると、より効果的です。

Please complete the entire exam just as if it were the real thing. This practice will be more effective if you answer together after doing the exam one more time in the same way.／当作是真正的考试，坚持做到最后。如果同样再做一次后对答案，效果更好。／실제 시험이라고 생각하고 마지막까지 해 봅시다. 다시 한번 같은 방법으로 풀고 답을 맞히면 보다 효과적입니다.。

④ 別冊
Appendix／附册／별책

スクリプトを見ながら、確認と復習をしておきましょう。

Check your answers and revise what you have learnt while looking at the script.／一边看听力资料，一边确认和复习。／스크립트를 보면서 확인과 복습을 해 둡시다.

CDの内容
Contents of the CD／CD的内容／CD의 내용

⟨DISK 1⟩
● PART 1　実戦練習　問題1～3
Practice exercises／实战练习／"실전연습"

⟨DISK 2⟩
● PART 1　実戦練習　問題3～5
Practice exercises／实战练习／"실전연습"

● PART 2　第1回模擬試験　問題1～2
Mock examinations／模拟考试／"모의시험"

⟨DISK 3⟩
● PART 2　第2回模擬試験　問題3～5
Mock examinations／模拟考试／"모의시험"

※ 問題によって、ポーズ（音のない時間）の長さが実際の試験より若干短い場合があります。
Depending on the type of problem, the pauses in the practice audio material may be slightly shorter than those in the actual JLPT.／根据某些练习题目具体情况，暂停（没有声音的时间）的时间有时候会比实际考试中出现的停顿时间更短。／문제에 따라 포즈의 길이가 실제 시험보다 약간 짧을 수도 있습니다.

ウォーミングアップ──キーワードを覚えよう
Warming-up—Learning Key Words　准备活动—记住关键词　워밍업—키 워드를 외우자

●意見・考え　opinion and idea　意见・想法　의견・생각

語	例	訳
価値観	価値観が合う	have similar values　价值观相符　가치관이 맞다
議論	活発な議論	lively discussion　活跃地讨论　활발한 논의
結論	結論を出す	come to a conclusion　得出结论　결론을 내다
見解	見解を述べる	express one's view　叙述见解　견해를 말하다
見当	見当をつける	figure out　能预计，能估计　짐작을 하다
考慮(する)	事情を考慮する	consider circumstances　考虑原因　사정을 고려하다
コメント(する)	事件についてコメントする	comment on the incident　就事件进行评论　사건에 대해 코멘트하다
視点	視点を変える	change one's point of view　改变观点　시점을 바꾸다
主張(する)	それぞれの主張	assertion of each person　各自的主张　각자의 주장
同感	彼の意見に同感だ	agree with his opinion　同意他的意见　그의 의견에 동감이다
納得	納得がいく	be convinced　理解　납득이 가다
発想	ユニークな発想	unique idea　独特的想法　독특한 발상
反論(する)	彼の意見に反論する	counter his argument　反对他的意见　그의 의견에 반론하다
批判(する)	批判を受ける	receive criticism　接受批判　비판을 받다
見込み	見込みがある	have potential　有希望　전망이 있다
見通し	見通しを立てる	make a prediction　有指望　전망을 세우다
理想	理想の住まい	ideal home　理想的住所　이상적인 주거

●意志・態度　will and attitude　意志・态度　의지・태도

語	例	訳
意地	意地を張る	be stubborn　赌气　고집을 부리다
意図(する)	企画の意図	aim of the project　计划的意图　기획의 의도
意欲	仕事への意欲がわく	feel motivated to work　有对事业的热情　일에 대한 의욕이 솟다
怠る	義務を怠る	fail in one's duty　懈怠义务　의무를 게을리하다
疎か	仕事が疎かになる	be negligent of one's work　工作马虎　일을 소홀히 하다
心掛ける	節約を心掛ける	try to save money　注意节约　절약에 유의하다
心構え	面接の心構え	preparedness for an interview　面试的思想准备　면접의 수칙
志す	政治家を志す	aspire to be a politician　立志当政治家　정치가를 지망하다
慎重な	慎重な態度	careful attitude　慎重的态度　신중한 태도
率先(する)	率先して意見を言う	take the initiative and express one's opinion　带头提意见[带头,率先]　솔선하여 의견을 말하다[솔선하다]
熱意	主催者の熱意を感じる	feel the host's enthusiasm　感觉到主办者的热忱　주최자의 열의를 느끼다

● 商品・サービス　product and service　商品・服务　상품・서비스

語	用例	English	中文	한국어
オプション	オプションがある	optional extras	有自由选择项目	옵션이 있다
キャンペーン	キャンペーンを展開する	run a campaign	开展商业宣传	캠페인을 전개하다
決済(する)	カードで決済する	settle payment by credit card	用卡来支付	카드로 결제하다
決算(する)		adjust the payment	结账	요금을 정산하다
購入(する)	商品を購入する	purchase a product	购买商品	상품을 구입하다
顧客		customer	顾客	고객
在庫	在庫を確認する	check the stock	确认库存	재고를 확인하다
産地	お茶の産地	tea producing region	茶产地	차의 산지
仕入れ	仕入れを担当する	be in charge of buying	担当采购工作	구입을 담당하다
配送(する)		deliver	配送	배송하다
販促(販売促進)		promotion (of sales)	促销	판촉
付録	付録を付ける	add a supplement, free extra	带有附录	부록을 붙이다
返品(する)		return goods	退货	반품하다
保証書		warranty certificate	保证书	보증서
領収書		receipt	收据	영수증
量販店		mass retailer	批量出售商品的零售店	양판점

● 仕事・ビジネス　work and business　工作・商业　일・비즈니스

アポ	アポをとる	make an appointment	约会	만날 약속을 잡다
キャリア	キャリアを積む	build one's career	积累职业经验	커리어를 쌓다
業績	業績を上げる	improve performance	取得业绩	업적을 올리다
経費	経費がかかる	cost a lot	花经费	경비가 들다
決算	決算報告	statement of accounts	结算报告	결산 보고
顧客	顧客情報	client information	顾客信息	고객정보
コスト	コストがかさむ	costly	成本增加	비용이 많아지다
採算	採算が合う	be profitable	有盈利, 收支合算	채산이 맞다
資金	資金を集める	raise funds	收集资金	자금을 모으다
収益	収益を上げる	increase profits	收益增加	수익을 올리다
出社(する)	8時に出社する	come to the office at eight	八点上班	8시에 회사에 가다
出世(する)		get ahead	有出息, 发迹	출세하다
損失	多額の損失	hefty losses	巨额的损失	다액의 손실
待遇	待遇が良い	good treatment, package	待遇好	대우가 좋다
チームワーク		teamwork	团队合作	팀워크

11

得意先（とくいさき）	得意先を訪ねる	visit clients	拜访客户	단골을 방문하다
取引（とりひき）(する)	A社と取引する	do business with company A	和A公司交易	A사와 거래를 하다
納入（のうにゅう）(する)	商品を納入する	deliver product	交货	상품을 납입하다
ノルマ	ノルマを達成する	meet one's quota	达到劳动定额	노르마를 달성하다
プレゼン		presentation	广告公司向客户提出广告制作的设想和计划	프레젠테이션
分担（ぶんたん）(する)	仕事を分担する	divide up the work	分担工作	일을 분담하다
見積（みつ）もり	見積もりをとる	get a quote	进行估价	견적을 뽑다
予算（よさん）	予算を立てる	make a budge	制定预算	예산을 세우다

● 身分（みぶん）・立場（たちば） status and position 身份・立场 신분・입장

アシスタント		assistant	助理,助手	어시스턴트
一員（いちいん）	社会の一員になる	become a member of society	成为社会的一员	사회의 일원이 되다
幹部（かんぶ）		management, top brass	干部	간부
採用（さいよう）(する)	正規の採用	recruitment as a regular staff member	正规的录用	정규채용
主任（しゅにん）		chief	主任	주임
助手（じょしゅ）		assistant/supporting staff	助手	조수
正社員（せいしゃいん）		permanent employee	正式职员	정사원
責任者（せきにんしゃ）		person in charge	负责人	책임자
代理（だいり）	課長の代理	deputy section chief	代理科长	과장대리
中堅（ちゅうけん）	中堅社員	mid-career worker	公司的中坚职员	중견사원
内定（ないてい）	内定をもらう	receive informal job offer	得到内定	내정을 받다
派遣（はけん）(する)	スタッフを派遣する	dispatch staff	派遣工作人员	스태프를 파견하다
マネージャー		manager	经理	매니저
役員（やくいん）	会社の役員	company officer	公司的负责人	회사의 간부
臨時（りんじ）	臨時の職員	temporary worker	临时职员	임시 직원
若手（わかて）	若手俳優	young actor	年轻的演员	젊은 사원

● 形（かたち）・場所（ばしょ） shape and place 形状・场所 형태・장소

巨大（きょだい）な	巨大な船	huge ship	大型船只	거대한 배
コンパクトな	コンパクトなカメラ	compact camera	微型照相机	콤팩트한 카메라
大規模（だいきぼ）な	大規模な開発	large-scale development	大规模的开发	대규모 개발
なだらかな	なだらかな坂	gentle slope	缓坡	완만한 고갯길
なめらかな	なめらかな肌（はだ）	smooth skin	光滑的肌肤	매끈한 피부
並（なら）び	このビルの並び	this row of buildings	这栋大厦的一侧	이 빌딩과 같은 줄

| 道なり | 道なりに進む | go along the road | 順着道路前進 | 길대로 나아가다 |
| ゆるやかな | ゆるやかなカーブ | gentle curve | 缓坡 | 완만한 커브 |

●時間　Time　时间　시간

合間	仕事の合間	break during work	工作之余	일하는 사이
あっという間	あっという間に終わる	come to an end all too soon	瞬間結束	순식간에 끝나다
後回し	後回しにする	postpone	推迟	뒤로 미루다
一時	一時休業する	be temporarily closed	暂时停业	일시 휴업하다
折	帰国した折	on the occasion of returning to one's country	回国的时候	귀국했을 때
際	帰国の際	when returning to one's country	回国之际	귀국 때
最中	試験の最中	right in the middle of the exam	考试正在进行	시험 중
至急	至急の用件	urgent matter	紧急事件	급한 용건
終始	終始黙っている	be silent all the time	一直沉默	시종 묵묵히 있다
終日	終日禁煙	no smoking all day	整天禁烟	종일 금연
直後	地震の直後	just after the earthquake	地震之后	지진 직후
直前	出発の直前	just before leaving	出发之前	출발 직전
適宜	適宜助言をする	give appropriate advice	适当提建议	적당한 조언을 하다
日頃	日頃の努力	daily effort	平时的努力	평소의 노력
日々	日々努力する	make an effort day after day	每天努力	매일 노력하다
頻繁に	頻繁に会う	frequently meet	频繁见面	빈번하게 만나다

●副詞　adverb　副词　부사

あらかじめ	あらかじめ連絡する	contact beforehand	提前联络	미리 연락하다
追って	追って連絡する	contact later	按顺序通知	나중에 연락하다
かねて(から)	かねて(から)の願い	previous request	早先的愿望	진작부터의 바람
急きょ	急きょキャンセルする	cancel suddenly	急忙取消	서둘러 캔슬하다
早急に	早急に知らせる	let someone know immediately	急速通知	급히 알리다
じきに	じきに終わる	finish right away	马上联络	곧 끝나다
事前に	事前に調べておく	check in advance	事前调查	사전에 조사해두다
しょっちゅう	しょっちゅう休む	constantly take time off	经常休息	자주 쉬다
随時	随時受け付ける	accept at all time	随时受理	수시로 접수하다
直ちに	直ちに連絡する	contact quickly	立刻联系	즉시 연락하다
とっくに	とっくに終わっている	finish a long time ago	很早就结束	이미 끝났다
ようやく	ようやく終わる	finally finish	总算结束	마침내 끝나다

●人と人 person to person 人和人 사람과 사람

打ち明ける	悩みを打ち明ける	confess one's worries	诉说烦恼	고민을 털어놓다
交渉(する)	取引先と交渉する	negotiate with a business partner	跟交易方交涉	거래처와 교섭하다
説教(する)	子供に説教する	give a reprimand to a child	教育孩子	아이에게 설교하다
接する	人と接する仕事	work that involves dealing with people	与人接触的工作	사람과 접촉하는 일
説得(する)	親を説得する	persuade one's parents	说服父母	부모님을 설득하다
忠告(する)	後輩に忠告する	admonish a junior/subordinate	忠告后辈	후배에게 충고하다
なだめる	怒っている人をなだめる	calm an angry person	安慰生气的人	화를 내는 사람을 달래다
励ます	仲間を励ます	encourage a fellow	鼓励伙伴	동료를 격려하다
本音	本音を言う	say what one really feels	说真心话	본심을 말하다
申し出る	援助を申し出る	offer assistance to	申请援助	원조를 자청하다
もめる	近所の人ともめる	quarrel with the neighbors	和邻居发生纠纷	이웃과 말썽이 나다
詫びる	失礼を詫びる	apologize for one's rudeness	为不礼貌的行为表示歉意	실례를 사과하다

●衣食住 clothing, food and housing 衣食住行 의식주

あっさり	あっさりした食べ物	lightly seasoned food	清淡的食物	깔끔한 음식
営む	店を営む	run a shop	经营店铺	가게를 경영하다
沿線	AB線の沿線	along the AB line	AB线的沿线	AB 선의 선로가
家計	家計のやりくり	management of family finance	安排家庭生活	가계를 꾸림
こうばしい	こうばしい香り	fragrant aroma	香味	고소한 향기
焦げ臭い		smell something burning	焦臭	타는 냄새가 나다
こってり	こってりしたスープ	rich soup	浓汤	느끼한 수프
旬	旬の食材	seasonal food	最新鲜的饮食材料	제철 음식재료
新築	新築の賃貸マンション	newly built rental apartment	新建的租赁公寓	신축 임대 아파트
普段着	普段着で行く	go in ordinary attire	穿便服去	평상복으로 가다
間取り	部屋の間取り	layout of an apartment	房屋的布局	방의 구조
身なり	身なりを整える	tidy up one's appearance	整理装束	옷차림을 가다듬다
恵み	自然の恵み	bounties of nature	自然的恩惠	자연의 은총

PART 1

実戦練習
じっせんれんしゅう

Practice exercises
実战练习
실전연습

問題1

問題1では、まず質問を聞いてください。それから話を聞いて、問題用紙の1から4の中から、正しい答えを一つ選んでください。

 1番

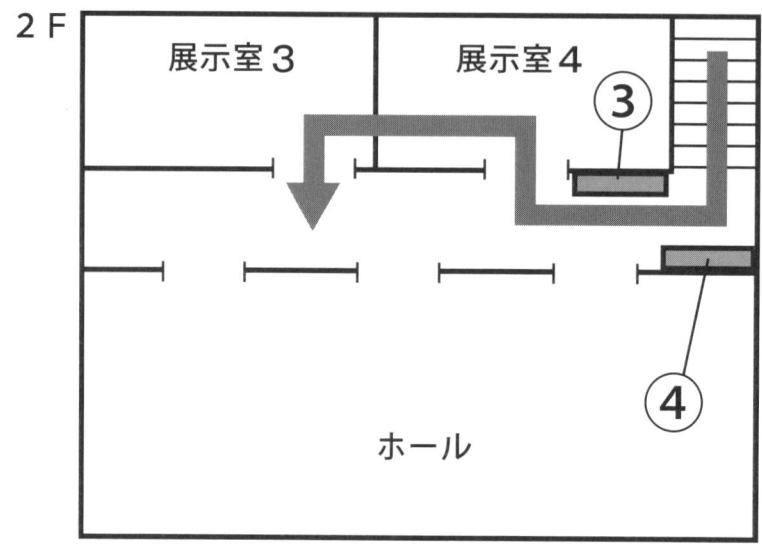

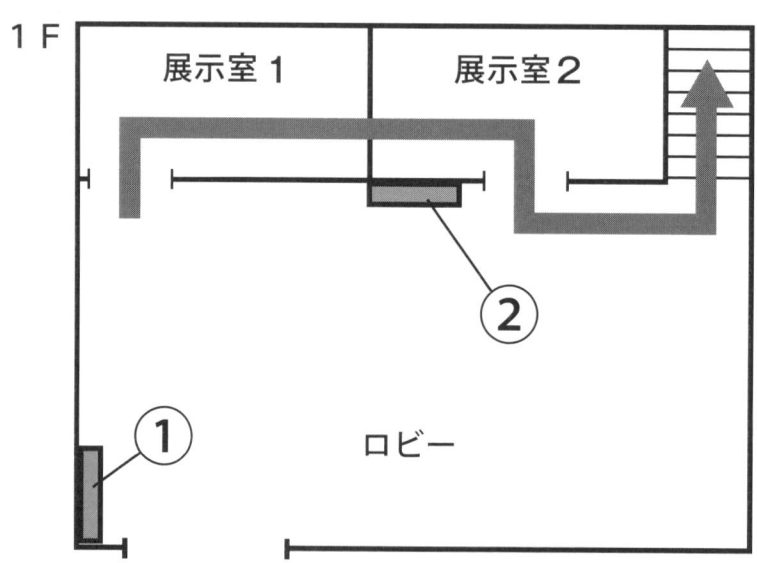

2番

1 電源⇒組み立て⇒接続⇒操作
2 接続⇒組み立て⇒電源⇒操作
3 組み立て⇒接続⇒電源⇒操作
4 組み立て⇒電源⇒接続⇒操作

3番

1 荷物を郵送します
2 荷物の超過料金を払います
3 荷物を鞄に入れます
4 荷物を捨てます

4番

1 500円
2 2800円
3 3300円
4 5800円

5番

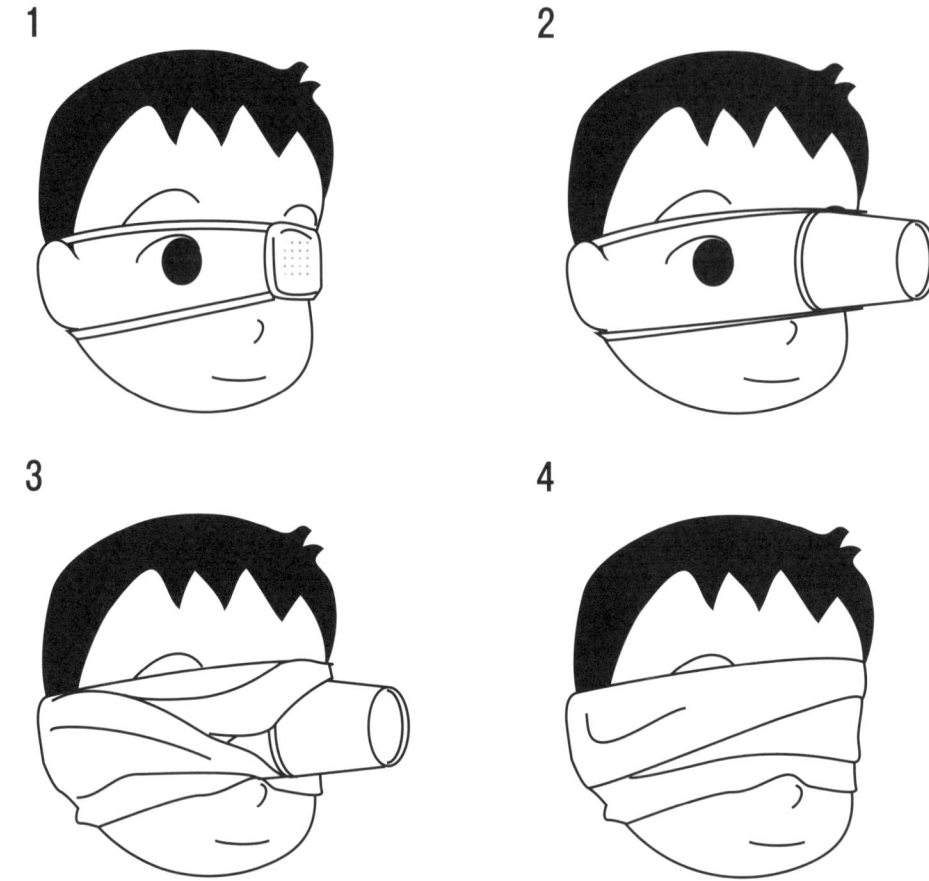

6番

1. トイレの掃除をする
2. トイレの窓の鍵を修理する
3. トイレットペーパーの買い置きを確認する
4. 銀行に行く

7番

1. メモ帳の内容を読む
2. 田中工業に電話をかける
3. 担当者の電話番号を調べる
4. 担当者の名前を調べる

8番

1. パソコンとDVD
2. パソコンとプリント
3. カメラとプリント
4. プリントとDVD

9 9番

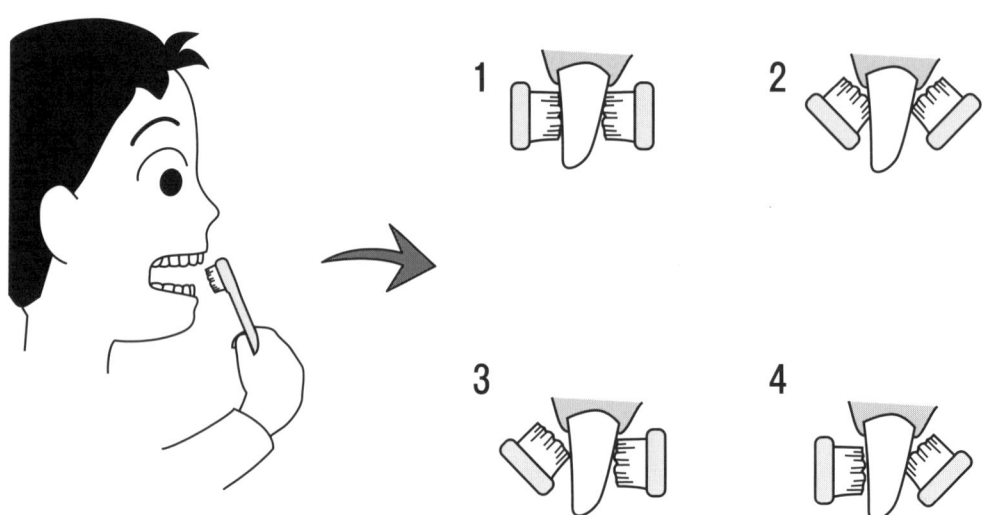

10番

1. 普通自動車免許の試験
2. 中型自動車免許の試験
3. 情報処理関係の資格試験
4. 英語の試験

11番

1. メールを送る
2. 報告書を作る
3. 説明を受ける
4. 資料を作る

12番

1. 新みなと線に乗る
2. 西口改札に行く
3. 電車が動くのを待つ
4. タクシーを呼ぶ

13番

1 ア、イ、エ
2 イ、ウ、オ
3 ア、エ、オ
4 イ、ウ、エ

14番

ア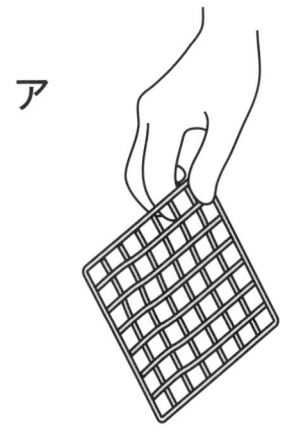

イ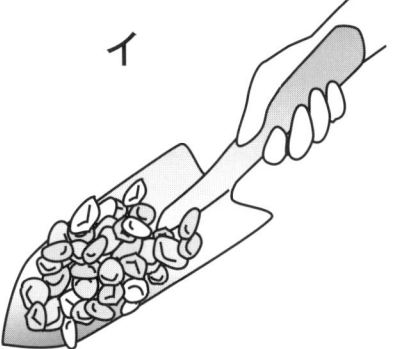

ウ

エ

1　エ→ア→ウ→エ
2　エ→ア→ウ→イ→エ
3　ア→ウ→エ→イ
4　ア→イ→エ→ウ→エ

15番

16番

1

2

3

4

17番

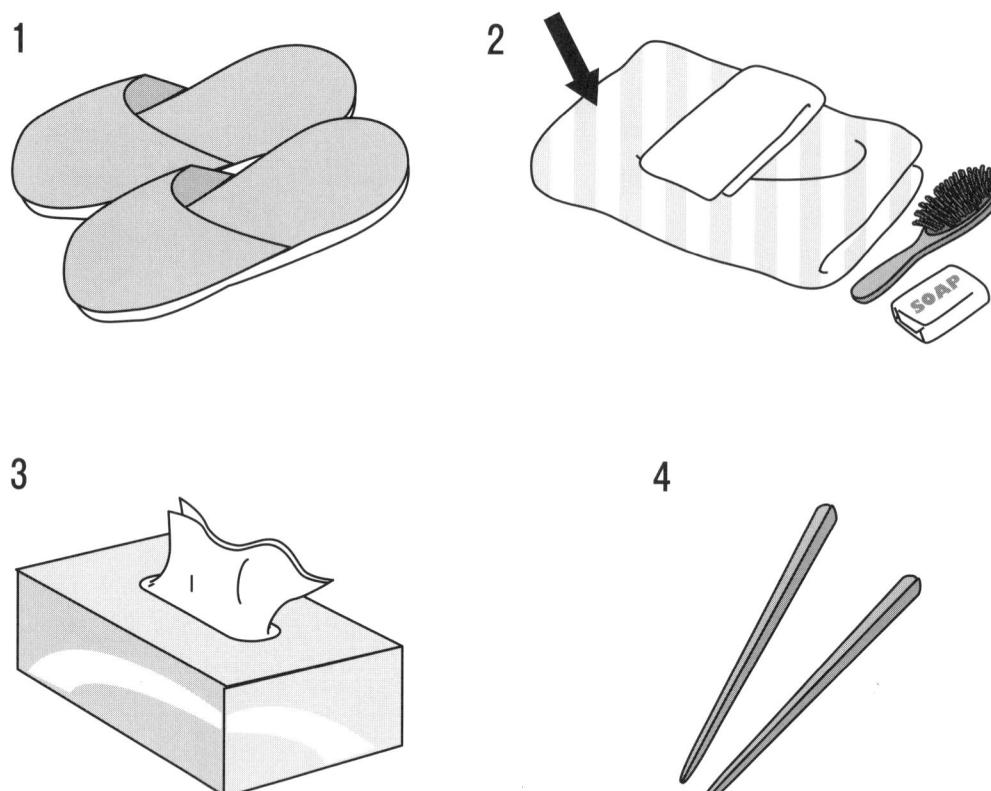

問題 2

問題2では、まず質問を聞いてください。そのあと、問題用紙の選択肢を読んでください。読む時間があります。それから話を聞いて、問題用紙の1から4の中から、正しい答えを一つ選んでください。

1番

1 修理が可能かどうか
2 修理代が無料かどうか
3 どうしてエアコンが動かなくなったか
4 エアコンを取りに来てくれるかどうか

2番

1 保存用の缶詰
2 予備の電池
3 携帯電話用の電池
4 電話番号を書いた紙

3番

1 夜と週末に静かにするように注意してほしい
2 平日に静かにするように注意してほしい
3 週末に静かにするように注意してほしい
4 夜に静かにするように注意してほしい

4番

1 仕事を休む
2 講師登録をする
3 保育園を探す
4 今の学校を辞める

5番

1 新しい友達が作れるから
2 仕事に生かせるから
3 観光ガイドをやってみたいから
4 中国人の友達と中国語で話したいから

6番

1 申込用紙を持っていなかったから
2 締め切りを過ぎていたから
3 検定料を忘れてきたから
4 郵送でしか受け付けていないから

7番

1 残業が多いこと
2 悪口を言われること
3 いつも自分が責められること
4 自分の気持ちを理解してもらえないこと

8番

1 最近、人々の関心が高いテーマだから
2 自分の親もその可能性があったから
3 夫婦の間で増えている新しい問題だから
4 人間関係を描くのに興味があるから

9番

1 自動車がスピードを出しすぎていたこと
2 自転車がスピードを出しすぎていたこと
3 自動車がライトをつけていなかったこと
4 自転車がライトをつけていなかったこと

10番

1 虫の被害にあったこと
2 台風の被害を受けたこと
3 作物がよく育たなかったこと
4 専門的な勉強をすること

11番

1 家賃の安さ
2 部屋の広さ
3 日当たりのよさ
4 部屋から駅までの距離

12番

1 タクシー
2 電車
3 バス
4 バイク

13番

1 医療
2 福祉
3 教育
4 環境

14番

1 目標を達成したこと
2 今度始まるプロジェクト
3 朝の掃除とその効果
4 取引先とのトラブル

15番

1 山頂からの景色が最高だから
2 自然を楽しめるから
3 植物や花を見ることができるから
4 山の空気を吸いたいから

16番

1 ごみを増やさないこと
2 不要になったものを再利用すること
3 子供に環境問題について考えさせること
4 子供が環境問題について楽しく学ぶこと

17番

1 家族で出かける機会が増えること
2 夫が健康的になること
3 夫に息子の勉強を見てもらうこと
4 家族の間で会話が増えること

18番

1 贈り物の習慣
2 食事の時の支払い方法
3 誕生日の祝い方
4 並んで待つこと

19番 [CD1 36]

1　水
2　電池
3　食料
4　伝言板

20番 [CD1 37]

1　海のレジャーが楽しめる
2　ミカンの生産量が非常に多い
3　歴史的に重要な場所だった
4　市の中心に大きな遊園地がある

21番 [CD1 38]

1　新品のケーブルに変えたとき
2　以前のケーブルに変えたとき
3　ケーブルの長さを変えたとき
4　ケーブルの接続方法を変えたとき

問題3

39〜44 (CD1) 1〜11 (CD2)

問題3では、問題用紙に何も印刷されていません。まず話を聞いてください。それから質問と選択肢を聞いて、1から4の中から、正しい答えを一つ選んでください。

― メモ ―

問題4

問題4では、問題用紙に何も印刷されていません。まず文を聞いてください。それから、それに対する返事を聞いて、1から3の中から、正しい答えを一つ選んでください。

— メモ —

問題5

問題5では長めの話を聞きます。

37〜40 〈1番〜 4番〉
CD2

問題用紙に何も印刷されていません。まず話を聞いてください。それから、質問と選択肢を聞いて、1から4の中から、正しい答えを一つ選んでください。

— メ モ —

まず、話を聞いてください。それから、二つの質問を聞いて、それぞれ問題用紙の1から4の中から、正しい答えを一つ選んでください。

5番

質問1

1 値段
2 機能
3 デザイン
4 重さ

質問2

1 値段が安いカメラ
2 機能のすぐれたカメラ
3 デザインがいいカメラ
4 普通のカメラ

6番

質問1

1. 全部自分で払う
2. 家賃は自分で払う
3. 生活費は自分で払う
4. 大学を出てから親に返す

質問2

1. しっかり勉強すること
2. 生活費を自分で稼ぐこと
3. きちんと食事をすること
4. 健康に気をつけること

N1 聴解 実戦練習 解答用紙

問題1				
1	①	②	③	④
2	①	②	③	④
3	①	②	③	④
4	①	②	③	④
5	①	②	③	④
6	①	②	③	④
7	①	②	③	④
8	①	②	③	④
9	①	②	③	④
10	①	②	③	④
11	①	②	③	④
12	①	②	③	④
13	①	②	③	④
14	①	②	③	④
15	①	②	③	④
16	①	②	③	④
17	①	②	③	④

問題2				
1	①	②	③	④
2	①	②	③	④
3	①	②	③	④
4	①	②	③	④
5	①	②	③	④
6	①	②	③	④
7	①	②	③	④
8	①	②	③	④
9	①	②	③	④
10	①	②	③	④
11	①	②	③	④
12	①	②	③	④
13	①	②	③	④
14	①	②	③	④
15	①	②	③	④
16	①	②	③	④
17	①	②	③	④
18	①	②	③	④
19	①	②	③	④
20	①	②	③	④
21	①	②	③	④

問題3				
1	①	②	③	④
2	①	②	③	④
3	①	②	③	④
4	①	②	③	④
5	①	②	③	④
6	①	②	③	④
7	①	②	③	④
8	①	②	③	④
9	①	②	③	④
10	①	②	③	④
11	①	②	③	④
12	①	②	③	④
13	①	②	③	④
14	①	②	③	④
15	①	②	③	④
16	①	②	③	④
17	①	②	③	④

問題4				
1	①	②	③	④
2	①	②	③	④
3	①	②	③	④
4	①	②	③	④
5	①	②	③	④
6	①	②	③	④
7	①	②	③	④
8	①	②	③	④
9	①	②	③	④
10	①	②	③	④
11	①	②	③	④
12	①	②	③	④
13	①	②	③	④
14	①	②	③	④
15	①	②	③	④
16	①	②	③	④
17	①	②	③	④
18	①	②	③	④
19	①	②	③	④
20	①	②	③	④
21	①	②	③	④
22	①	②	③	④
23	①	②	③	④
24	①	②	③	④
25	①	②	③	④

問題5					
1	(1)	①	②	③	④
	(2)	①	②	③	④
2	(1)	①	②	③	④
	(2)	①	②	③	④
3		①	②	③	④
4		①	②	③	④
5		①	②	③	④
6		①	②	③	④

PART 2

模擬試験
第1〜2回

Mock examinations
模拟考试
모의고사

第1回 模擬試験　　60分

問題1

問題1では、まず質問を聞いてください。それから話を聞いて、問題用紙の1から4の中から、正しい答えを一つ選んでください。

43 **1番**

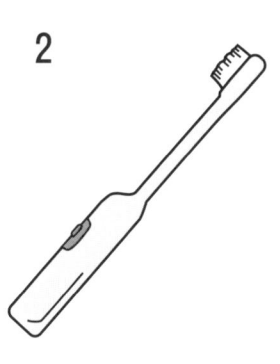

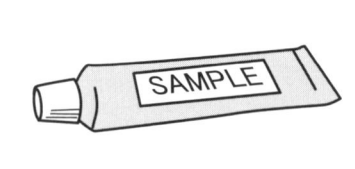

1

2

3

4

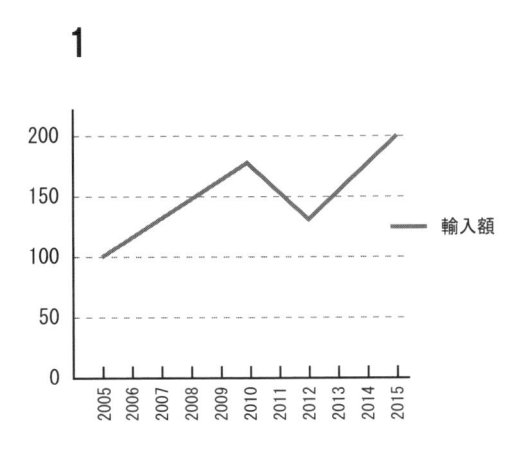

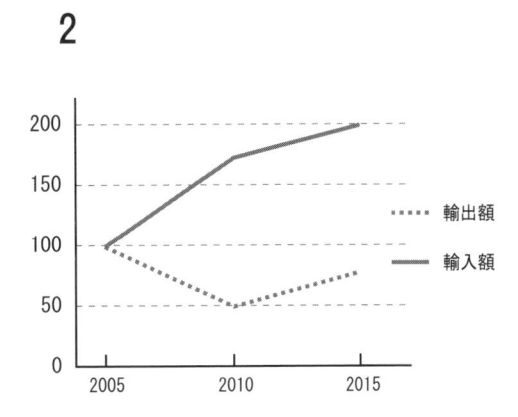

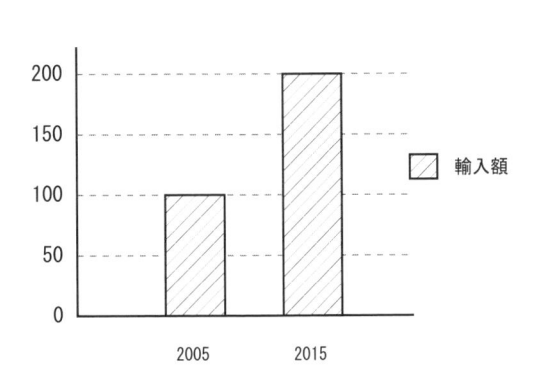

2番

1

(輸入額 line graph, 2005–2015)

2

(輸出額 / 輸入額 line graph, 2005–2015)

3

(輸入額 bar graph, 2005 and 2015)

4

(輸出額 / 輸入額 stacked bar graph, 2005 and 2015)

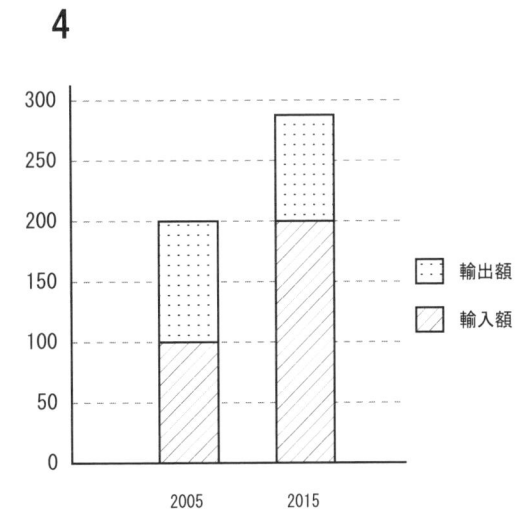

3番

1

2

3

4

4番

1 使っていない電気製品のコンセントを抜く
2 エアコンの設定温度を高くする
3 新しいエアコンについて調べる
4 節電への協力を求める張り紙を作る

5番

1 学生課に行って、落とし物がないか聞く
2 銀行にカードの利用を止めてもらう
3 カード会社にカードをなくしたことを知らせる
4 被害を防ぐよう警察に電話する

6番

1 申込書を郵送する
2 申込書に必要事項を記入する
3 申込書をダウンロードする
4 申込書をファックスで受け取る

問題2

問題2では、まず質問を聞いてください。そのあと、問題用紙の選択肢を読んでください。読む時間があります。それから話を聞いて、問題用紙の1から4の中から、正しい答えを一つ選んでください。

1番

1 休暇をとる
2 会社を作る
3 経営について勉強する
4 お菓子作りについて勉強する

2番

1 友達に指摘されたから
2 宅配便の不在通知が入っていたから
3 管理人に確認してもらったから
4 自分で押してみて、鳴らなかったから

3番

1 今から
2 幼稚園に入ってから
3 小学生になってから
④ 中学生になってから

4番

1 業績のいい会社かどうか
2 安定している会社かどうか
3 将来伸びる会社かどうか
4 社会貢献に積極的な会社かどうか

5番

1 薬を飲む時間
2 飲む薬の量
3 薬の飲み方
4 他の薬の使用

6番

1 地元で就職したいと考えているから
2 実家から通えて便利だから
3 研究のための環境が整っているから
4 勉強に集中できるから

7番

1 値引きがあるから
2 ポイントがたくさんつくから
3 年賀状のソフトが無料でもらえるから
4 ポイントを使っていろいろなものが買えるから

問題 3

問題 3 では、問題用紙に何も印刷されていません。まず話を聞いてください。それから質問と選択肢を聞いて、1 から 4 の中から、正しい答えを一つ選んでください。

― メモ ―

問題 4

問題 4 では、問題用紙に何も印刷されていません。まず文を聞いてください。それから、それに対する返事を聞いて、1 から 3 の中から、正しい答えを一つ選んでください。

— メモ —

問題5

問題5では長めの話を聞きます。

21〜22 1番〜2番

問題用紙に何も印刷されていません。まず話を聞いてください。それから、質問と選択肢を聞いて、1から4の中から、正しい答えを一つ選んでください。

― メモ ―

3番

まず、話を聞いてください。それから、二つの質問を聞いて、それぞれ問題用紙の1から4の中から、正しい答えを一つ選んでください。

質問1

1 トマト
2 キュウリ
3 カボチャ
4 トウモロコシ

質問2

1 トマト
2 キュウリ
3 カボチャ
4 トウモロコシ

第2回 模擬試験　　60分

PART 2
模試②

問題1

問題1では、まず質問を聞いてください。それから話を聞いて、問題用紙の1から4の中から、正しい答えを一つ選んでください。

24 CD3　1番

1
2
3
4

25 2番

1
エントリーシート
◎提出期限：6月5日(火)まで

2
エントリーシート
◎提出期限：6月12日(火)まで
MEMO

3
エントリーシート
◎提出期限：6月12日(火)まで

4
エントリーシート
◎提出期限：6月5日(火)まで
MEMO

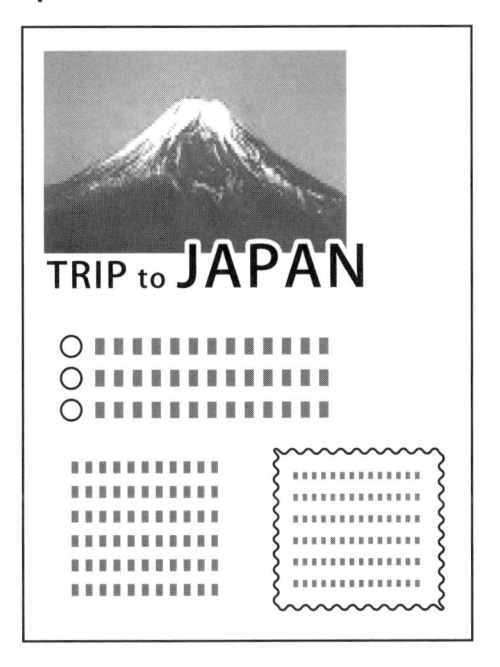

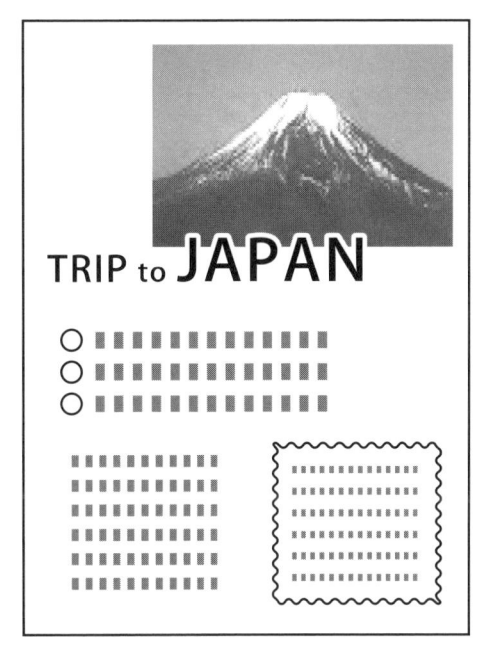

3番

1

2

3

4

4番 (27 CD3)

1 清掃活動をする
2 食料を運ぶ
3 健康診断を受ける
4 保険に入る手続きをする

5番 (28 CD3)

1 商品名を大きくする
2 表を直す
3 バックの色を変える
4 いくつかサンプルを出す

6番 (29 CD3)

1 粗大ごみの手続きをする
2 近所の人に挨拶に行く
3 郵便局に住所変更を届ける
4 携帯電話会社に住所変更を届ける

問題 2

問題2では、まず質問を聞いてください。そのあと、問題用紙の選択肢を読んでください。読む時間があります。それから話を聞いて、問題用紙の1から4の中から、正しい答えを一つ選んでください。

1番

1 座って体操をする
2 クイズ大会をする
3 みんなで歌を聴く
4 得意なことを教え合う

2番

1 食生活が乱れている人
2 お酒やたばこが好きな人
3 運動不足の人
4 労働時間が長い人

3番

1 新たな観光資源の開発
2 地域経済の活性化
3 財源の安定化
4 福祉や教育の充実

4番

1 娘は機械を使うのが苦手だから
2 娘にとっては高い買い物だから
3 重くて持ち運びが大変だから
4 娘は本をあまり読まないから

5番

1 ここで待ちます
2 時間をつぶします
3 挨拶に行きます
4 あきらめて帰ります

6番

1 ワイン
2 ケーキ
3 花束
4 チョコレート

7番

1 子供とよく話したほうがいい
2 子供に有料のページを見せないほうがいい
3 会社に連絡をしないほうがいい
4 インターネットの画面を閉じたほうがいい

問題3

37～42
CD3

問題3では、問題用紙に何も印刷されていません。まず話を聞いてください。それから質問と選択肢を聞いて、1から4の中から、正しい答えを一つ選んでください。

― メモ ―

問題 4

43〜56
CD3

問題4では、問題用紙に何も印刷されていません。まず文を聞いてください。それから、それに対する返事を聞いて、1から3の中から、正しい答えを一つ選んでください。

― メモ ―

問題5

問題5では長めの話を聞きます。

57〜58 **1番〜2番**
CD3

問題用紙に何も印刷されていません。まず、話を聞いてください。それから、質問と選択肢を聞いて、1から4の中から、正しい答えを一つ選んでください。

― メモ ―

3番

まず、話を聞いてください。それから、二つの質問を聞いて、それぞれ問題用紙の1から4の中から、正しい答えを一つ選んでください。

質問1

1 公園
2 生ハム工場
3 美術館
4 牧場

質問2

1 工場の中のお店
2 工場の近くのお店
3 美術館の中のお店
4 美術館の近くのお店

N1 聴解 解答用紙

(本試験の見本)

受験番号 Examinee Registration Number

名前 Name

〈ちゅうい Notes〉

1. くろいえんぴつ (HB、No.2) で かいてください。
   Use a black medium soft (HB or No.2) pencil.
2. かきなおすときは、けしゴムで きれいにけしてください。
   Erase any unintended marks completely.
3. きたなくしたり、おったりしないで ください。
   Do not soil or bend this sheet.
4. マークれい Marking examples

よい Correct	わるい Incorrect
●	⊘ ◐ ○ ◎ ◑ ●

問題 1

1	①	②	③	④
2	①	②	③	④
3	①	②	③	④
4	①	②	③	④
5	①	②	③	④
6	①	②	③	④

問題 2

1	①	②	③	④
2	①	②	③	④
3	①	②	③	④
4	①	②	③	④
5	①	②	③	④
6	①	②	③	④
7	①	②	③	④

問題 3

1	①	②	③	④
2	①	②	③	④
3	①	②	③	④
4	①	②	③	④
5	①	②	③	④
6	①	②	③	④

問題 4

1	①	②	③	④
2	①	②	③	④
3	①	②	③	④
4	①	②	③	④
5	①	②	③	④
6	①	②	③	④
7	①	②	③	④
8	①	②	③	④
9	①	②	③	④
10	①	②	③	④
11	①	②	③	④
12	①	②	③	④
13	①	②	③	④
14	①	②	③	④

問題 5

1		①	②	③	④
2		①	②	③	④
3	(1)	①	②	③	④
	(2)	①	②	③	④

N1 聴解 第1回模擬試験 解答用紙

問題 1				
1	①	②	③	④
2	①	②	③	④
3	①	②	③	④
4	①	②	③	④
5	①	②	③	④
6	①	②	③	④

問題 2				
1	①	②	③	④
2	①	②	③	④
3	①	②	③	④
4	①	②	③	④
5	①	②	③	④
6	①	②	③	④
7	①	②	③	④

問題 3				
1	①	②	③	④
2	①	②	③	④
3	①	②	③	④
4	①	②	③	④
5	①	②	③	④
6	①	②	③	④

問題 4				
1	①	②	③	④
2	①	②	③	④
3	①	②	③	④
4	①	②	③	④
5	①	②	③	④
6	①	②	③	④
7	①	②	③	④

8	①	②	③	④
9	①	②	③	④
10	①	②	③	④
11	①	②	③	④
12	①	②	③	④
13	①	②	③	④
14	①	②	③	④

問題 5					
1		①	②	③	④
2		①	②	③	④
3	(1)	①	②	③	④
	(2)	①	②	③	④

N1 聴解 第2回模擬試験 解答用紙

問題 1				
1	①	②	③	④
2	①	②	③	④
3	①	②	③	④
4	①	②	③	④
5	①	②	③	④
6	①	②	③	④

問題 2				
1	①	②	③	④
2	①	②	③	④
3	①	②	③	④
4	①	②	③	④
5	①	②	③	④
6	①	②	③	④
7	①	②	③	④

問題 3				
1	①	②	③	④
2	①	②	③	④
3	①	②	③	④
4	①	②	③	④
5	①	②	③	④
6	①	②	③	④

問題 4				
1	①	②	③	④
2	①	②	③	④
3	①	②	③	④
4	①	②	③	④
5	①	②	③	④
6	①	②	③	④
7	①	②	③	④

8	①	②	③	④
9	①	②	③	④
10	①	②	③	④
11	①	②	③	④
12	①	②	③	④
13	①	②	③	④
14	①	②	③	④

問題 5					
1		①	②	③	④
2		①	②	③	④
3	(1)	①	②	③	④
	(2)	①	②	③	④

●著者

藤田朋世（ふじた　ともよ）
東京外国語大学大学院地域文化研究科博士前期課程修了。現在、東京大学日本語教育センター非常勤講師。

青木幸子（あおき　さちこ）
九州大学大学院比較社会文化学府修士課程。現在、早稲田大学日本語教育研究センター非常勤インストラクター。

塩川絵里子（しおかわ　えりこ）
九州大学大学院比較社会文化学府博士課程単位取得。元九州大学留学生センター非常勤講師。

水野沙江香（みずの　さえか）
東京外国語大学大学院地域文化研究科博士前期課程修了。元ベオグラード大学客員講師。

渡部真由美（わたなべ　まゆみ）
筑波大学大学院修士課程地域研究研究科日本語研究コース修了。元日本学生支援機構東京日本語教育センター非常勤講師。

レイアウト・DTP	ポイントライン
カバーデザイン	滝デザイン事務所
イラスト	杉本千恵美
翻　訳	Darryl Jingwen Wee ／王雪／崔明淑
編集協力	高橋尚子

日本語能力試験問題集　Ｎ１聴解スピードマスター

平成23年(2011年)　11月10日　　初版第１刷発行
令和元年(2019年)　　7月10日　　　　第４刷発行

著　者　藤田朋世・青木幸子・塩川絵里子・水野沙江香・渡部真由美
発行人　福田富与
発行所　有限会社　Ｊリサーチ出版
　　　　〒166-0002　東京都杉並区高円寺北 2-29-14-705
　　　　電話　03(6808)8801(代)　FAX　03(5364)5310
　　　　編集部　03(6808)8806
　　　　http://www.jresearch.co.jp
印刷所　大日本印刷株式会社

ISBN 978-4-86392-074-3　　禁無断転載。なお、乱丁、落丁はお取り替えいたします。
Ⓒ Tomoyo Fujita, Sachiko Aoki, Eriko Shiokawa, Saeka Mizuno, Mayumi Watanabe 2011　Printed in Japan

日本語能力試験問題集　N1聴解スピードマスター

スクリプトと答え

Script and answers
答案和听力内容
스크립트와 해답

正解

●実戦練習

問題1	
1	2
2	3
3	1
4	4
5	3
6	3
7	4
8	1
9	3
10	3
11	3
12	3
13	2
14	4
15	2
16	2
17	1

問題2	
1	2
2	4
3	1
4	4
5	4
6	1
7	3
8	2
9	4
10	3
11	4
12	2
13	2
14	2
15	4
16	1
17	4
18	2
19	1
20	1
21	2

問題3	
1	3
2	1
3	3
4	3
5	1
6	2
7	3
8	2
9	4
10	2
11	3
12	1
13	3
14	2
15	2
16	1
17	1

問題4	
1	2
2	3
3	1
4	3
5	3
6	2
7	1
8	2
9	2
10	2
11	1
12	1
13	3
14	2
15	1
16	2
17	2
18	2
19	2
20	2
21	3

22	2
23	1
24	1
25	2
問題5	
1	4
2	3
3	3
4	3
5 (1)	3
(2)	2
6 (1)	3
(2)	1

●第1回模擬試験

問題1	
1	4
2	4
3	2
4	3
5	2
6	4

問題2	
1	4
2	2
3	3
4	3
5	4
6	3
7	4

問題3	
1	3
2	4
3	1
4	4
5	4
6	2

問題4	
1	3
2	1
3	3
4	3
5	2
6	1
7	2

8	1
9	2
10	1
11	3
12	3
13	3
14	1

問題5	
1	2
2	2
3(1)	3
(2)	4

●第2回模擬試験

問題1	
1	1
2	1
3	4
4	4
5	2
6	2

問題2	
1	4
2	4
3	1
4	4
5	4
6	4
7	3

問題3	
1	2
2	2
3	1
4	3
5	3
6	3

問題4	
1	2
2	1
3	2
4	4
5	1
6	1
7	2

8	3
9	3
10	2
11	2
12	1
13	1
14	2

問題5	
1	4
2	3
3(1)	3
(2)	4

PART 1　実戦練習

問題1（課題理解）

1番（資料館で）

講演会に参加したい人は、まず、どこに行きますか。

Ｆ：本日は「みどり市資料館」へお越しいただき、ありがとうございます。館内のご案内を申し上げます。当館には1階、2階合わせて4つの展示室があり、展示室の1から4まで、館内地図に示した通りにご覧いただくことで、みどり市の全体像を知っていただけるようになっております。音声ガイドのイヤホンの貸し出しも行っておりますので、ご利用をご希望の方は、1階正面入口の総合受付までお越しください。また、本日は午後3時より、2階にございますホールにて、みどり市の歴史について、市のご出身で作家の木村ひろし先生の講演を行う予定です。ご興味のある方は、ぜひお立ち寄りください。なお、こちらの講演会へのご参加には、整理券が必要となっております。整理券は、展示室2の入り口にございますインフォメーションコーナーにて配布しておりますので、こちらで整理券をお受け取りの上、2階ホールまでお越しいただきますよう、お願い申し上げます。ご不明な点がございましたら、お近くのスタッフまで、お気軽にお問い合わせください。

講演会に参加したい人は、まず、どこに行きますか。

【正解】 2

ことばと表現

- **お越しになる**：「行く」「来る」の尊敬語
- **イヤホン**：earphone／耳机／이어폰
- **お受け取りの上**：受け取ってから

2番（工場で～作業手順の説明）

先輩従業員が、新しく入った従業員に作業の仕方について説明しています。作業はどの順番で行いますか。

Ｍ：それでは、今から作業内容について、ざっと説明します。この製品は、本体、つまり製品の中心となるＡの部分と、それを補助するＢの部分からなります。今回は、ＡとＢをつないで電源を入れるところまで作業してもらいます。まず組み立て作業ですが、これはＢのみ必要となります。これが終わり次第、ＡとＢにコードを差し込んでつなぎます。ここの順番を間違えて、製品の電源を入れてからＡとＢをつないでしまう、というミスが起こりがちですので、注意してください。この作業が終わったら、次は操作に移ります。

作業はどの順番で行いますか。

【正解】 3

ことばと表現

- **本体**：主要な部分

3番（空港で）

空港で女の人と男の人が話しています。男の人はこのあと何をしますか。

Ｆ：いらっしゃいませ。航空券を拝見できますか。
Ｍ：はい。
Ｆ：ありがとうございます。お客様、お預けのお荷物はございますか。
Ｍ：はい。これ1つです。
Ｆ：お客様、申し訳ございません。無料でお預かりできるお荷物は20キロまでとなっております。お客様のお荷物は30キロですので、超過料金をお支払いいただくか、郵送をお願いすることになりますが。
Ｍ：そうですか。困ったな……。
Ｆ：もしくはそちらのバッグの中に10キロ分のお荷物を入れていただいて、機内に持ち込んでいただくこともできます。
Ｍ：うーん、どうしようかなあ。……かばんに入れて

持ち込んでもいいんだけど。でも、このバッグ、小さいし、ちょっと面倒かな。すみません、じゃ、送ります。

男の人はこのあと何をしますか。

【正解】1

ことばと表現

□ **超過料金**：時間や量など決められた範囲を超えた部分に対する料金

4番（コンビニで〜チャージ）

コンビニで男の人と店員が話しています。男の人は店員にいくら渡しますか。

- F：いらっしゃいませ。お弁当は温めますか。
- M：はい、お願いします。
- F：350円でございます。
- M：じゃ、このカードで。
- F：はい。あ、お客さま、このカードには、チャージが不足しているようですが……。
- M：あ、そうですか。じゃ、チャージしてもらえますか。とりあえず3000円。
- F：はい、3000円ですね。
- M：そうだ。電気代も払わないといけないんだった。これもお願いします。
- F：はい。こちらは2800円です。公共料金のお支払いは現金でお願いしておりますが、よろしいでしょうか。
- M：はい。ちょうどあります。あ、すみません、あと、このお茶もお願いします。
- F：こちらは150円です。お支払いは……。
- M：お弁当と一緒にカードでお願いします。

男の人は、店員にいくら渡しますか。

【正解】4

ことばと表現

□ **チャージ（する）**：専用の機械を使ってお金を払い、カードを利用できる状態にすること

5番（目の応急手当）

医者が応急手当の仕方について説明しています。正しい応急手当の仕方はどれですか。

医者：えー、では続いて、目にとげなどの異物が刺さった場合の処置についてご説明します。目に何かが入ったら、すぐに取り除こうとすると思います。でも、もし目に何かが刺さったときは、すぐに抜き取ろうとしないでください。まず、傷ついた目を紙コップなどで覆ってください。そして、その上から包帯を巻きます。目は、左右の目が同じように動くので、けがをしていないほうの目も包帯で覆うようにしてください。

正しい応急手当の仕方はどれですか。

【正解】3

ことばと表現

□ **応急手当**：an emergency measure／緊急処理／응급수당
□ **異物**：普通と違い、異常を感じさせるもの。体に入った食べられないもの
□ **覆う**：cover／覆盖／뒤덮다

6番（レストランで〜アルバイトへの指示）

レストランの店長と店員が話しています。店員はまず何をしなければなりませんか。

- F：斎藤君、今、手空いてる？ トイレの掃除、お願いしていい？
- M：あ、はい。わかりました。
- F：昨日トイレの窓の鍵が壊れたじゃない？ その修理がこれから来るから、早めにお願い。
- M：はい。
- F：あ、でも、そう言えば、トイレットペーパーの買い置きってあったっけ？
  もしなかったら、先にそれを買いに行ってもらってもいい？
- M：はい、わかりました。
- F：あ、待って。やっぱり買い物はいいわ。今日銀行に行くから、そのときついでに買ってくる。とりあえず、買い置きがなかったら、教えてくれる？
- M：はい、わかりました。

Ⓕ：じゃ、よろしくね。

店員はまず何をしなければなりませんか。

【正解】 3

ことばと表現
□手(が)空いて(い)る：特に今しなければならないことはなく、ほかのことができる
□買い置き：余分に買っておくこと

7番（電話～担当者の連絡先）

男の人が女の人に電話で話しています。女の人はこれからどうしますか。

Ⓜ：あ、山田さん、ちょっとお願いがあるんですが。僕の机を見て、確認してもらいたいものがあるんですが。
Ⓕ：ちょっと待ってください。……はい、どうぞ。
Ⓜ：あのう、机の上に「たなかこうぎょう」って書いたメモがあると思うんですが。電話番号が知りたいんです。
Ⓕ：ああ、ありました。じゃ、言いますね。０１の１２３４の５６７８です。
Ⓜ：わかりました。ありがとうございます。それから、すみません、そのメモに担当者の名前は書いてませんでしたか。
Ⓕ：いえ、何も。
Ⓜ：そうですか。弱ったなあ。……じゃあ、すみません、悪いんですが、書棚の赤いファイルで田中工業のところを見てもらえませんか。
Ⓕ：わかりました。ちょっと待ってください。

女の人はこれからどうしますか。

【正解】 4

ことばと表現
□書棚：本を置く棚

8番（教授と助手のアルバイト）

大学で、教授と助手のアルバイトをしている学生が話しています。学生は何を準備しますか。

Ⓕ：山田君、今日の授業だけど、パソコンとカメラを使うから、いつものノートパソコンを教室に運んどいてくれるかな。カメラは自分で持っていくから。
Ⓜ：はい。わかりました。
Ⓕ：それから、このDVDも学生に見せるつもりだから、よろしくね。
Ⓜ：はい。あ、先生。学生に配るプリントもコピーしておきましょうか。
Ⓕ：あ、コピーはいいよ。まだ作っている途中だから。

学生は何を準備しますか。

【正解】 1

9番（歯の磨き方）

歯医者で、歯医者と患者が話しています。患者はどのように歯を磨けばいいですか。

Ⓜ：いいですか。歯磨きをするときは、歯ブラシの角度が非常に重要です。歯の表側を磨くときは、ほら、このように歯ブラシを歯に90度の角度で当ててください。歯ブラシの毛先の部分が歯に当たるように。いいですね。
Ⓕ：はい。
Ⓜ：それで、裏側ですが、今度は45度の角度で歯ブラシの毛先が歯にあたるようにしてください。そうするときれいに磨けますよ。

患者はどのように歯を磨けばいいですか。

【正解】 3

10番（入社前に受ける試験）

会社の人事担当者が、内定者に必要な資格や免許について説明しています。内定者全員がこれから受けなければならないのは、どの試験ですか。

Ｆ：それではこれから、4月からの勤務にあたって、必要な資格や免許についてお話しします。すでにみなさんは普通自動車免許を取得されていますが、商品配達スタッフとして活躍したいという方は、中型自動車免許もぜひ取得していただきたいと思います。また、今年度より、社員には情報処理関係の資格取得を奨励しており、内定者の皆さんにも挑戦していただきたいと思います。資料に情報処理関係の資格についての説明が記載されていますので、それを参考に、入社までに一つは受験してください。それから、今後海外勤務を希望される方は、入社後、毎年英語の試験を受けていただきます。資格取得には会社から助成金が出ますので、様々な資格に挑戦して、勤務に役立てていただければと思います。

内定者全員がこれから受けなければならないのは、どの試験ですか。

【正解】3

ことばと表現
□内定者：正式ではないが、実質的に就職することが決まっている人
□取得(する)：手に入れること
□スタッフ(staff)：作業に当たる(すべての)人
□中型：medium-sized／中型／중형
□助成金：研究など(ここでは資格取得)を成功させるために援助として出すお金

11番（出張中の指示）

会社で、上司が女の人に出張中にすることについて話しています。女の人は、このあと、まず何をしなければなりませんか。

Ｍ：山田さん、来月なんだけど、出張中にちょっとお願いしていいかな。
Ｆ：はい、何でしょう？
Ｍ：取引先との会議に代わりに行ってもらいたいんだ、2回。そこで資料を何種類かもらうから、それを速達で本社の大島部長に郵送してくれる？
Ｆ：はい、わかりました。
Ｍ：それから、会議の内容をレポートにまとめて、その日のうちにメールでぼくと大島部長に。
Ｆ：わかりました。
Ｍ：ああ、それと、うちから持って行く資料を今週中に作成してくれる？　内容は午後改めて説明するから。
Ｆ：はい、わかりました。

女の人は、このあと、まず何をしなければなりませんか。

【正解】3

ことばと表現
□取引先：商売を行う相手

12番（駅の放送～ダイヤの乱れ）

電車のホームで、女の人と男の人が駅のアナウンスを聞いています。二人はこれからどうしますか。

お知らせいたします。中央電鉄各線は、昨日の大雨の影響により、ダイヤが大幅に乱れております。一部、運転を再開しましたが、徐行運転となりますので、各駅へは遅れての到着となります。元町行きは、急行・各駅とも、現在、運転を見合わせております。なお、現在、新みなと線への振り替え輸送を実施しておりますので、青葉山方面にお越しのお客様はご利用ください。新みなと線ご利用のお客様は、西口改札をそのまま通り抜けてください。ご利用のお客様には大変ご迷惑をおかけしますことを、心よりお詫び申し上げます。

Ｆ：困ったね。会議に間に合わなくなっちゃう。
Ｍ：うん。とりあえず連絡入れとかないとね。
Ｆ：新みなと線が元町のほうまでつながっていれば助かったんだけどな。
Ｍ：そうだね。とにかく、元町行きが動かないことにはどうしようもないね。

問題：二人はこれからどうしますか。

【正解】3

ことばと表現

- □ **(ダイヤが)乱れる**：交通機関の運行状況が混乱すること
- □ **見合わせる**：実行するのをやめて、しばらく様子をみる
- □ **振替輸送**：災害・事故などで、交通機関が輸送不可能になったときに、代わりに他の交通機関を使って乗客を輸送すること
- □ **通り抜ける**：中を通ってその先に出ること
- □ **お詫び申し上げます**：過ちを犯したときや、相手に迷惑をかけたり損失を与えたときなどの、謝罪の言葉。アナウンスなどで使う。

13番（ホテルが用意するもの） CD1

女の人が、ホテルの受付の人と電話で話しています。ホテルの人は、何を用意しますか。

- Ⓜ：はい。ホテルみなみでございます。
- Ⓕ：あのー、9月10日から2泊3日でゼミ合宿の予約をした田中と申しますが。
- Ⓜ：はい、田中様ですね。ご予約いただき、ありがとうございます。
- Ⓕ：2日目の夕食後のコンパなんですが、食堂じゃなくて、部屋でしてもいいですか。
- Ⓜ：はい、よろしいですよ。お飲み物、おつまみは先日うかがった通りで変更ないでしょうか。
- Ⓕ：あの、飲み物だけ持ち込みたいんですけど、大丈夫ですか。
- Ⓜ：はい。グラスはこちらでご用意いたしますので。
- Ⓕ：お願いします。それと、その日ちょうど誕生日の人がいて、ケーキを持っていきたいんですが、包丁をお借りできますか。
- Ⓜ：はい。ご用意しておきます。
- Ⓕ：それじゃあ、よろしくお願いします。
- Ⓜ：また何かございましたら、いつでもお電話ください。

ホテルの人は、何を用意しますか。

【正解】 2

ことばと表現

- □ **ゼミ合宿**：大学のゼミの教員や学生が、宿泊し、一緒に研究に励むこと
- □ **コンパ**：会費を出し合って飲食をする会
- □ **おつまみ**：お酒を飲みながら食べるもの
- □ **持ち込む**：自分たちで用意して持ってくること
- □ **包丁**：kitchen knife／菜刀／부엌칼

14番（園芸教室） CD1

園芸教室で、講師が作業手順について説明しています。生徒は、どんな順番で作業をしますか。

- Ⓕ：今日はパンジーの鉢植えを作りましょう。普通、鉢植えの中は、上から順に土、小石、網という層になっています。小石は水がよく流れるようにするために入れますが、植物によっては、入れなくてもいい場合もあります。それでは、作業を始めましょう。皆さんの前に、パンジーの苗、鉢、土、小石、それから、網があるでしょうか。じゃ、どんどん入れていってください。あ、パンジーの苗は、少し土を入れてから入れてください。土の上に苗を置いて、その周りを土で埋めていくようにしてください。

生徒は、どんな順番で作業をしますか。

【正解】 4

ことばと表現

- □ **鉢植え**：a potted plant／盆景／화분
- □ **～から順に…**：～から見ると、…という順序になっている
- □ **層**：a layer／层／층

15番（バーベキューの準備） CD1

男の人と女の人が話しています。男の人は、バーベキューの前日に何を買いに行きますか。

- Ⓕ：今週末の会社のバーベキューだけど、車持ってる田中君には、買い出しに行ってもらうからね。
- Ⓜ：わかりました。
- Ⓕ：とりあえずお願いしたいのは、お肉と野菜、お菓子、飲み物といったところかな。
- Ⓜ：結構ありますね。そう言えば、山下さんの家、畑があるみたいで、野菜を提供してくれるそうですよ。
- Ⓕ：へー、それはありがたいね。でも、運ぶの大変かも。
- Ⓜ：大丈夫ですよ、僕が行きますから。じゃ、前の

晩に買い出しを済ませとこうかなあ。
F：ありがとう。でも、肉は痛みやすいから、当日にお願いね。
M：わかりました。

男の人は、バーベキューの前日に何を買いに行きますか。

【正解】2

ことばと表現

□〜といったところ：だいたい〜

16番（公園で〜買ってくるもの）

公園で、男の人と女の人が話しています。女の人は何を買ってくればいいですか。

F：あ、あそこのベンチが空いてる。ねえ、私、売店で何か買ってくるから、席、取っといてくれない？
M：いいよ。
F：何が食べたい？ おにぎり？
M：いや、サンドイッチがいいな。なかったらおにぎりでもいいけど。
F：わかった。飲み物はどうする？
M：冷たい紅茶があれば、それがいいな。なかったらコーヒーで。
F：わかった。以上？
M：ああ、あと何か甘いものがほしい。チョコとか。
F：わかった。じゃ、買ってくるからちょっと待っててね。

女の人は何を買ってくればいいですか。

【正解】2

17番（入院前に準備するもの）

女の人と男の人が話しています。男の人がこれから買う必要があるものは何ですか。

F：入院、明日からだね。持って行くもの、用意しないと。
M：もうだいぶ用意したよ。ほら、そこに置いてある。

F：ああ、これね。ほんとだ。
M：歯ブラシでしょ、歯磨きでしょ、コップ、ひげそり、スリッパ、おはし……それから……。
F：スリッパ、これ持っていくの？ 新しいのにしない？ あとで買ってきたら？
M：そうだね。
F：あ、バスタオルがまだ入ってないよ。いつものでいいよね。
M：うん。ああ、あと、ティッシュペーパーもまだだった。
F：ティッシュはとりあえず2箱持っていきましょう。確かまだたくさんあったはず。
M：あ、大事なものを忘れてた。暇になるから本をたくさん持っていくんだった。

男の人がこれから買う必要があるものは何ですか。

【正解】1

ことばと表現

□ほら：相手に注意を促すときに使う語

問題2（ポイント理解）

1番（エアコンの修理） 18 CD1

男の人が電話でサービスセンターの人に聞いています。男の人が一番知りたかったのはどんなことですか。

F：お電話ありがとうございます。ＡＢＣお客様サービスセンターです。
M：あのう、すみません、1カ月くらい前にそちらのエアコンを買った者なんですが、えーと、型番はFの5045です。
F：はい。ありがとうございます。
M：使い始めてしばらくは何もなかったんですが、1週間くらい前からときどき変な音がするようになってきて、キーっていう。そうしたら、今日、突然動かなくなってしまったんです。
F：そうですか。それまでは動いていたんですね。コンセントは抜けていませんね。
M：はい、電源はちゃんと確かめました。
F：わかりました。じゃ、どこか故障があったと思われます。大変申し訳ございません。
M：しょうがないから修理をしてもらいたいんですが、まだ保証期間だから、修理代はかからないですよね。
F：もちろんです。ただ、お客様、商品のお引き取り方法はどうなさいますか。こちらから引き取りに伺うこともできますが、その場合、配送料が2000円かかるんですが。
M：えっ、そんなにするんですか。
F：すみません。もしくはお客様がお買い上げになったお店か当社の修理センターに直接お持ちいただくか、になりますが。
M：そうですか……。すみませんが、取りに来ていただけますか。
F：かしこまりました。

男の人が一番知りたかったのはどんなことですか。

【正解】 2

ことばと表現
□**型番**：商品の型を表す番号
□**コンセント**：wall outlet／插座／코멘트
□**保証期間**：商品が普通に使えることを、店やメーカーが保証する期間。通常、故障に対して無料で修理をする

2番（災害用のグッズ） 19 CD1

男の人と女の人が話しています。男の人がまだ準備していないものは何ですか。

M：ビスケットに、缶詰、ラジオ……。
F：あ～、非常用の袋を準備してるんだ。長期間保存できる食べ物もちゃんと買ってきたのね。いつ災害が起きるかわからないもんね。
M：そうそう、「備えあれば憂いなし」って言うからね。しっかり準備しなきゃ。
F：そういえば、テレビで言ってたけど、避難生活が長引くと、ラジオとか懐中電灯とか、電池が切れちゃうことがあるらしいから、電気製品はその点に気をつけたほうがいいみたい。
M：うん、ちゃんと予備の電池も準備してるよ。万が一のために携帯電話の電池もいれてあるし。
F：あ、でも停電が長引いた時のことも考えて、緊急の連絡先は紙に控えておいたほうがいいんじゃない。
M：あっ、そうか。早速準備するよ。

男の人がまだ準備していないものは何ですか。

【正解】 4

ことばと表現
□**備えあれば憂いなし**：しっかり準備しておけば少しも心配がない
□**予備**：a reserve／预备／예비
□**万が一**：めったにないことが起こること
□**控える**：ここでは「書き留める」という意味

3番（アパートで～苦情） 20 CD1

女の人がアパートの大家さんに話しています。女の人は大家さんにどうしてほしいと言っていますか。

F：あの、すみません、大家さん、ちょっといいですか。
M：はい。何ですか。
F：実は、上の階に住んでいる方のことなんですが、夜中でも子供さんが走り回ったり、飛んだり跳ね

たりして、音がすごく響くんです。

M：そうなんですか。

F：神経に触るというか、すごく不快で、頭が痛くなってくるんです。直接苦情を言いに行こうかとも思ったのですが、余計に変なことになったらいやですし、なかなか言いにくくて……。

M：そうですか。悪い人じゃないんですけどね。

F：ええ。子供だからしょうがないとは思うんですが、部屋にいる時はゆっくりくつろぎたいですから。

M：ええ。そりゃ、そうですよね。

F：それで、できれば、大家さんに言ってもらえないかと思うんですが。平日の昼間は私も留守にしているので構わないんですが、夜と週末はなるべく静かにしてほしいんです。特に夜、7時以降は。

M：わかりました。じゃ、言っておきますね。大丈夫だと思いますよ。

F：はい。よろしくお願いします。

女の人は大家さんにどうしてほしいと言っていますか。

【正解】1

ことばと表現
□響く：to echo／响／울리다
□苦情：害や迷惑、不利益に対する不満や不快な気持ち
□くつろぐ：周りを気にしないで、気分を楽にする

4番（育児休暇）

学校の先生二人が話しています。女の人はこれからまずどうしますか。

F1：体調はどう？ おなかの赤ちゃんは順調？
F2：私もおなかの子も元気だよ。ありがとう。
F1：よかった。で、これからどうすることにしたの？
F2：うーん。私、非常勤で働いてるでしょ？ 常勤の先生みたいに育児休暇がとれないじゃない？
F1：そうだね。でも、出産後もこの仕事は続けたいんだよね。
F2：うん。講師登録してあるから、いつでも職場に戻れるらしいんだ。で、保育園をいろいろ探してみたんだけど。
F1：最近は保育園もいっぱいで、なかなか預けられないんでしょ？
F2：そうなの。それに、子供を預けるのにけっこうお金がかかるみたいで。
F1：そっかぁ。
F2：それで、とりあえずこの学校は辞めて、子供が大きくなってから仕事のこと考えようと思って。
F1：初めての子だし、それがいいかもね。
F2：うん。いろいろ相談にのってくれてありがとう。

女の人はこれからまずどうしますか。

【正解】4

ことばと表現
□体調：体の調子
□非常勤：日数や時間数を限って勤務すること
□常勤：毎日一定の時間勤務すること
□育児休暇：小さい子供の世話をするためにとる休暇
□保育園：0歳〜6歳の小さな子どもを朝から夕方まで預かってくれる施設

5番（中国語を習う）

男の人と女の人が話しています。女の人はどうして中国語を勉強するようになったのですか。

M：山本さん、今晩みんなでカラオケに行くんだけど、どう？
F：ごめんなさい、今日はちょっと用事があって……。中国語教室に行く日なの。
M：中国語か……。難しくない？
F：発音がちょっとね。でも、面白いよ。クラスもいろんな人がいて、それがけっこう楽しいし。
M：へえ。もうだいぶしゃべれるの？
F：まさか。まだ初級だから。あ、でも、この間、中国人観光客で困ってそうな人たちがいたから中国語で説明したら、なんとか通じたの。ちょっと感激した。
M：へえ、通じたらうれしいよね。でも、なんで中国語を勉強するようになったの？
F：アメリカに留学した時に仲良くなったのが中国からの留学生だったの。その時は英語でしか話さなかったんだけど、今度彼女に会ったら中国語で話して驚かせようと思って。
M：なるほどね。

女の人はどうして中国語を勉強するようになったのですか。

【正解】 4

ことばと表現
□生かす：能力・性能などを十分に発揮させること

6番（試験の申し込み）

コンビニで、店員と客が検定試験の申し込みについて話しています。客が検定試験の申し込みができなかった理由は何ですか。

Ⓜ：あの、この検定試験なんですけど、ここで申し込めますか。
Ⓕ：ああ、この試験ですね。大丈夫ですよ。
Ⓜ：よかった。ほかのとこに行ったんだけど、できないって言われちゃって。
Ⓕ：申込用紙はお持ちですか。
Ⓜ：ええ、これです。
Ⓕ：あ、すみません、これは郵送用ですね。コンビニ用には、別の様式のものがあるんですが。
Ⓜ：えっ、そうなんですか。
Ⓕ：ええ。確かホームページでダウンロードできたと思うんですが。
Ⓜ：そうなんだ……。検定料、用意してきたんだけど、だめか……。じゃ、明日また出直します。
Ⓕ：あ、すみません、コンビニでの受付は今日までなんです。郵送より少し早くなっておりまして。
Ⓜ：今日まで!?
Ⓕ：ええ。でも、郵送ならまだ可能ですので。
Ⓜ：わかりました。どうも。

客が検定試験の申し込みができなかった理由は何ですか。

【正解】 1

ことばと表現
□検定試験：資格を与えるために行われる試験
□とこ：「ところ」のくだけた言い方
□出直す：もう一度来る

7番（何に不満？）

女の人が電話で、会社の同僚と話しています。女の人は何に不満がありますか。

Ⓕ1：あ、今、大丈夫？
Ⓕ2：うん、大丈夫だよ。
Ⓕ1：疲れたよ。今、うちに帰ったところ。今日も残業で。ここんところ、ずっと。
Ⓕ2：なんか忙しそうだね。
Ⓕ1：忙しいよ。ま、忙しいのは構わないんだけどね……。今日も部長に怒られちゃったし。でも、私が悪いわけじゃないのよ。本当は山本さんのミスなのに、いつの間にか私のせいになっちゃって……。山本さん、要領だけはいいから。都合が悪くなるとうまく逃げちゃう。結局、怒られるのはいつも私ばかり。わかる、この気持ち？
Ⓕ2：うん、うん。
Ⓕ1：ありがとう。……でも、人の悪口はあんまり言うものじゃないよね。性格が悪くなりそう。
Ⓕ2：そういういやなことはさっさと忘れるのが一番だよ。明日、どこか、おいしいものでも食べに行こうよ。
Ⓕ1：うん。

女の人は何に不満がありますか。

【正解】 3

ことばと表現
□要領がいい：ポイントをつかんでいて、物事の処理の仕方がうまい

8番（熟年離婚）

テレビのインタビューで、作家が記者と話しています。この作家はどうしてこの作品を書いたと言っていますか。

Ⓜ：大島さん、今回の作品は、熟年離婚がテーマだということですが、このテーマで作品を書こうと思われたきっかけは何だったのでしょうか。
Ⓕ：そうですね……熟年離婚というのは、皆さんご存じのように、20年あるいは30年と、長く結婚生活を続けた夫婦が離婚することです。最近ではそ

れほど珍しくなくなりましたが、一頃はテレビドラマや小説などでかなり取り上げられたテーマでした。

Ⓜ：ええ。そうですね。最近はよくこの言葉を耳にしますね。

🅕：はい。ただ、自分には関係のないことだと思っていました。ところがですね、なんと私の両親がまさに熟年離婚の危機になりまして……。

Ⓜ：え？　そうなんですか。

🅕：ええ。ずっと普通の夫婦だと思っていたので、母からの話を聞いた時は耳を疑いました。結局、離婚せずに済んだのですが、人と人との関係は実に奥が深いなと、改めて感じたんです。子供でも全然わからなかったんですから。

Ⓜ：なるほど、そういうことがあったんですね。

この作家はどうしてこの作品を書いたと言っていますか。

【正解】2

ことばと表現
□危機：悪いことが起こりうる危険な時、状態
□耳を疑う：本当のことなのかと驚く
□奥が深い：物事に深みがあって、簡単には意味や良さ、しくみなどが理解できない様子

9番（交通事故の原因） 26 CD1

男の人と女の人が話しています。交通事故の原因は何ですか。

🅕：聞いた？　昨日の夜、大学の前の交差点で交通事故があったんだって。

Ⓜ：えー。あそこで？

🅕：そうなのよ。怖いよね。幸い、自転車に乗ってた人の軽いけがで済んだみたいだけど。

Ⓜ：それはよかったね。夜で交通量も少なかっただろうし、スピード出しすぎてたのかな。

🅕：それがね、車はゆっくり左に曲がったところだったし、自転車もそれほどスピードが出てなかったんだって。

Ⓜ：えっ？　じゃあ、なんで？

🅕：どうも自転車のほうが、ライトをつけてなかったらしいよ。それで、運転手が後ろから来る自転車

に気づくのが遅くなったみたい。

Ⓜ：ライトつけずに走る人、結構いるよね。

🅕：うん。危ないよね。私たちも気をつけないと。

交通事故の原因は何ですか。

【正解】4

ことばと表現
□気づく：気がつく

10番（農業を始めての感想） 27 CD1

農家で、男の人が記者と農業について話しています。男の人は、今年は何が最も大変だったと言っていますか。

🅕：田中さんはコンピューター関係の会社を退職して、今年からこちらで農業を始められたそうですが、実際に農業をされてみて、どうですか、ご感想は？

Ⓜ：はい。ある程度は想像していたのですが、害虫はもちろん、天候もいつも心配しなければなりませんし、とにかく、こんなに毎日たくさんやることがあるとは思ってませんでした。周りの方々にいろいろ教えてもらいながら、何とかやっています。

🅕：そうですか。特にどういう点でご苦労が多いですか。

Ⓜ：やはり天気ですね。今年は雨の日が多くて日照時間がかなり短かったんです。だから、なかなか実が大きくならなくて。何とか予定の7割までは出荷したいですけど。

🅕：そうですか、大変ですね。あのー、会社員の頃と比べて、どういうところに違いを感じますか。

Ⓜ：自分の努力がそのまま結果につながるところですね。それをより感じます。逆にこわくもあります。何しろ、一度失敗すると、大変な損失になりますから。

🅕：どうでしょう、続けていけそうですか。

Ⓜ：そうですね、まだまだ勉強不足ですし、不安も多いですが、必ず続けていくつもりです。

🅕：わかりました。いろいろご苦労もあると思いますが、これからも頑張ってください。

男の人は、今年は何が最も大変だったと言っていますか。

【正解】 3

ことばと表現
- □ある程度：少しは、一定程度は
- □害虫：人間の生活に直接または間接に害を与える虫
- □日照：太陽が照らすこと
- □出荷(する)：商品を市場に出すこと
- □損失：財産や利益を失うこと（↔利益）

11番（部屋を決めたポイント） 28 CD1

不動産屋で、客と不動産の人が話しています。客が部屋を選んだ一番のポイントは何ですか。

Ⓜ：どの部屋がご希望のタイプに近いですか。
🄕：うーん、どの部屋も一長一短あって、悩みます。
Ⓜ：まあ、全部が全部、自分の希望通りなんて部屋、そうそうないものですよ。入居してからの生活を想像してみて、絶対に譲れないポイントが何かって考えてみたらいいんじゃないでしょうか。
🄕：絶対に譲れないポイントですか……。うーん、家賃は大事ですけど、この中の部屋はどれも予算内なので、それは大丈夫ですね。まあ、家賃が変わらないなら、やっぱり広いほうが……。
Ⓜ：そうですか。じゃ、この2つのどちらかじゃないでしょうか。
🄕：ああ、この2つですね。こっちは日当たりがよくて、こっちは駅から近いんですね。うーん、朝が苦手だから、駅から近いほうが助かるかなあ。
Ⓜ：そうですか。じゃ、こちらの部屋のほうがよさそうですね。
🄕：そうですね。

客が部屋を選んだ一番のポイントは何ですか。

【正解】 2

ことばと表現
- □一長一短：長所と短所
- □そうそうない：そんなにたくさんはない
- □入居(する)：引っ越して、そこに住むこと

12番（移動の手段） 29 CD1

女の人が男の人に電話をかけています。女の人は、このあと何で移動するつもりですか。

Ⓜ：はい。
🄕：もしもし、今どこ？
Ⓜ：今、さくら通りと中央通りの交差点。もうそろそろ着くよ。
🄕：ごめんなさい、ちょっと遅れそうなの。今、ふじ駅にいるんだけど、事故があったみたいで電車が止まってるのよ。踏切で車がぶつかっちゃったらしいの。そんな大事故じゃないみたいなんだけど。
Ⓜ：でも、大変だね。で、どうする？　無理そうならまた別の機会でもいいよ。
🄕：うーん、でも、できれば今日がいいから……。もうすぐ復旧するみたいだし。
Ⓜ：バスっていう手もあるんじゃない？
🄕：バスは路線が全然違うのよ。タクシーだとすごく高くなりそうだし。
Ⓜ：わかったよ。もし、どうしても動きそうになかったら、僕がそっちに向かうよ。バイクだから、そんなにかからないと思う。
🄕：ありがとう。また連絡する。

女の人は、このあと何で移動するつもりですか。

【正解】 2

ことばと表現
- □踏切：Railroad Crossing／铁路线／철도 건널목
- □復旧(する)：壊れたりしたものが、元の状態に戻ること
- □路線：電車やバスなどが通る線、区間

13番（市の社会保障費） 30 CD1

会議で、市の職員が今年度の市の社会保障費の予算について話しています。昨年度に比べて、最も伸び率が高いものはどれですか。

Ⓜ：あおば市では、社会保障サービスを医療・教育・福祉・環境の4つの分野に分けておりますので、それぞれの重点項目とあわせて、今年度の予算についてご報告します。まず医療においては、予防注射の実施の拡大や高齢者数の増加を見込んで、

前年比130パーセントとなっています。教育では、地震に備えた補強など、学校施設の充実が中心です。予算額はほぼ前年並みです。次に福祉ですが、前年度に続いて介護サービスの充実を最重要課題としますが、保育施設の新たな設置なども盛り込み、前年度150パーセントとなっております。最後に環境ですが、道路整備や災害対策などを中心に、予算額は今年度も最も多く、全体の約4割を占めます。ただし、前年比は10ポイントの減少となっています。

昨年度に比べて、最も伸び率が高いものはどれですか。

【正解】 2

ことばと表現

□ 社会保障：social security／社会保障／사회보장
□ 福祉：welfare／福利／복지
□ 補強（する）：足りないところや弱いところを補ったり強くしたりすること
□ ～並み：～と同じ程度
□ 盛り込む：内容のひとつとして入れる
□ 前年比～%、前年度～%：対前年度比～%（前の年度に比べて～%）

14番 （新人研修で話すテーマ）

男の人と女の人が会社で、新入社員研修で話す内容について話しています。女の人は、何についての話が問題だと言っていますか。

- F：今度の新入社員研修で話す内容決まった？
- M：だいたいね。そっちは？
- F：私は先輩たちに協力して目標を達成したことを中心に話そうと思ってるよ。
- M：いいね。ぼくは今度始まる予定の新しいプロジェクトについて話すよ。
- F：例の学校向けに商品開発をするって話？
- M：そうだよ。
- F：でも、それって、社内でもまだ一部の人しか知らないんでしょ？ 新入社員に話しちゃっていいの？
- M：うーん……大丈夫じゃないかなあ。そんなに秘密にするようなことでもないと思うし。
- F：そう？ ……私はあと、朝の掃除とその効果についても話すつもり。
- M：ああ、社内でも評判いいからね。ぼくは取引先

のトラブルから学んだことについても話すよ。
- F：えっ、それも大丈夫な内容なの？
- M：うん。もう解決済みのことだから。
- F：ならいいけど……。ねえ、さっきのプロジェクトのこと、やっぱりどうかなあ。
- M：うーん……別に問題ないと思うんだけど。一応、部長に確認してみるよ。

女の人は、何についての話が問題だと言っていますか。

【正解】 2

ことばと表現

□ プロジェクト：研究や開発の企画・計画
□ 例の：あの（話し手と聞き手両方が知っていることを指す）
□ どうかなあ：ここでは、「あまりよくないのではないかと思う」という疑問の意味

15番 （ツアーを決めたポイント）

旅行会社で、店員と客が話しています。客がツアーを決めたポイントは何ですか。

- F：あのう、友人からの情報で、高山トレッキングがいいと聞いたんですが。いろいろな植物も見られるし、何より山頂からの景色が最高だったと言っていました。
- M：そうですね。ただ、季節的にはこれから寒くなってきますし、そろそろトレッキングの時期は終わりになりますよ。
- F：そうですか。じゃあ、自然を楽しむツアーだったら、ほかにどんなものがありますか。
- M：山じゃなくて海ですが、南さくら島の「森を歩くツアー」はいかがでしょうか。こちらのツアーでも、色とりどりの植物や花を見ることができます。あ、それから山頂までは行けませんが、富士山の5合目までをトレッキングするツアーなら、まだ受け付けてますよ。
- F：そうですか……。その南さくら島のツアーもなかなか捨てがたいんですが、やっぱり山の空気に触れたいから、こっちにします。詳しい日程を聞かせてもらえますか。
- M：かしこまりました。

客がツアーを決めたポイントは何ですか。

【正解】 4

> **ことばと表現**

□ **トレッキング**：健康やレクリエーションを目的とした山歩き
□ **何より**：ほかのどんなことより
□ **山頂**：山の頂上
□ **色とりどり**：色がさまざまである様子
□ **～合目**：頂上までの到達レベルを表す表現で、「合」は全体の10分の1

16番（環境への配慮） CD1 33

スーパーで、女の人二人が環境問題について話しています。二人が心がけていることは何ですか。

Ｆ１：あ、木村さん。こんにちは。
Ｆ２：あ、佐藤さんの奥さん。こんにちは。夕飯のお買い物ですか。
Ｆ１：ええ。……今晩、何にしようかしら。あ、これ、すごく安い。でも、うち三人だから、ちょっと多いかな……。安いからってたくさん買っても、結局食べないで腐らせちゃうのよね。
Ｆ２：そうなんですよね。もったいないんですけどね。そう言えば、うちは最近、子供がうるさいんですよ、そういうのに。学校で環境問題を習うもんだから、ごみを増やすなだの、電気をつけっぱなしにするなだの、いろいろ言ってくるんですよ。
Ｆ１：うちの子もそうなんですよ。だから、せめてごみを出さないようにと思って、必要以上に買わないようにしてるんですけどね。
Ｆ２：ええ、ええ。スーパーの袋をもらわないようにするとか、詰め替え用のものを買うとか、いろいろ気を使ってますよ。
Ｆ１：学校での活動は楽しそうなんですけどね。先週は授業で、使わなくなった油から石けんを作ったって、嬉しそうに見せてきましたよ。
Ｆ２：そうなんですか。何でもそうだけど、楽しく学ぶっていうのはいいことですよね。

二人が心がけていることは何ですか。

【正解】 1

> **ことばと表現**

□ **～かしら**：「～かな」の女性的な表現
□ **～からって**：「～からといって」のくだけた言い方
□ **～だの～だの**：～とか～とか
□ **詰め替え**：容器はそのまま使い、中身を入れ替えること。また、その中身の部分

17番（サマータイム） CD1 34

男の人と女の人が話しています。女の人が一番期待していることは何ですか。

Ｍ：ただいま。
Ｆ：お帰り。そっか、今日からサマータイムだったね。それにしても、ずいぶん早いのね。
Ｍ：いつもより2時間も早いからね。外はまだ明るいし、これなら映画にも行けそうだな。何か不思議な感じだよ。
Ｆ：でも、早く帰ってきてくれたら、子供達と一緒にご飯も食べられるし、健康的だし、いいことずくめね。そう言えば、太郎がお父さんに勉強教えてほしいって。
Ｍ：勉強？　せっかく早く帰ってきたんだから、ゆっくりしたいんだけどなあ。
Ｆ：ま、無理に勉強を見てとは言わないけど、太郎といろいろ話してあげてよ。これまでは休みの日しか一緒にいられなかったんだから。

女の人が一番期待していることは何ですか。

【正解】 4

> **ことばと表現**

□ **サマータイム**：ここでは広く、「企業が夏の一定期間、勤務時間を早くすること」

18番（スピーチ大会～日本の習慣） CD1 35

留学生が、スピーチ大会で日本の習慣について話しています。留学生がなかなか慣れることができなかったのは、どれですか。

Ｍ：私は日本に来て、自分の国と大きく異なる日本の習慣に数多く遭遇してきました。初めは、人々

が年中贈り物をしているのに驚きましたが、これは日本の大切な文化の一つだと学びました。次に驚いたのは、みんなで食事をしたときに、合計金額をきっちり割って出し合うことです。そこまで細かくしなくてもいいのにと、いつも思ってしまいます。嬉しかったのは誕生日です。私の国では、誕生日には自分から周りの人にお菓子を配るのですが、日本ではみんなが私の誕生会を計画してくれたので、とても感激しました。面白いのは、街のあちこちでたくさんの人がきれいに並んで待っている光景です。初めて見たときは驚きましたが、これは公平で効率的なことだと思うようになりました。

留学生がなかなか慣れることができなかったのは、どれですか。

【正解】 2

ことばと表現

□ 数多く：たくさん
□ 遭遇(する)：思いがけず出会う
□ 出し合う：それぞれが自分の分（ここでは支払うお金）を出す

19番（災害対策〜何が重要？）

テレビで、男の人が災害に対する備えについて話しています。男の人は、特に何が重要だと言っていますか。

Ⓜ：大きな災害が起きると、電気・ガス・水道などのライフラインが使えなくなることがあります。普段の生活は一変して、生命の危険すら感じるようになるかもしれません。そうした中、まず確保されなければならないのが水です。水分として体に欠かせないのはもちろんですが、トイレや洗濯など、あらゆることに使いますから、少なくとも3日分の準備はしておきたいです。食べ物は、日持ちがして調理の必要のないものを、これも3日分は用意しておきましょう。災害時に頼りになるのがラジオです。電気はあてにならないので、電池も忘れずに。それから、お勧めしたいのが、携帯電話会社の災害用の伝言板です。電話が通じない時に役立ちます。予め使い方を家族に確認しておくといいでしょう。

男の人は、特に何が重要だと言っていますか。

【正解】 1

ことばと表現

□ 災害：地震や台風、あるいは火事や事故などによって、思いがけずに受ける被害
□ ライフライン：基本的な生活の維持に欠かせない水道・電気・ガス・通信などのシステム
□ 欠かす：なしで済ます
□ 日持ち：食べ物が日数を経ても腐ったり質が変わったりしないこと
□ あて：頼り

20番（市のPR）

テレビで、市長が市のPRをしています。市長が、市のPRとして言ったのはどれですか。

Ⓕ：さくらはま市は、古くから商業の盛んなところとして栄えたことから、お寺や神社をはじめ、歴史ある建物が数多くあります。また、山と海に囲まれた豊かな自然に恵まれ、海水浴やマリンスポーツ、ハイキングやキャンプなどを楽しむことができます。市の中心にある市民の森公園には約300種類の草花と広い芝生があり、家族連れなどでいつも賑わっています。くだものの栽培も盛んで、これからの季節はミカン狩りがおすすめです。ぜひご家族で遊びに来てください。

市長が、市のPRとして言ったのはどれですか。

【正解】 1

ことばと表現

□ 栄える：勢いが盛んになる。繁栄する
□ 賑わう：人が集まるなどして、賑やかになる
□ 栽培(する)：植物を植えて育てること
□ 〜狩り：山や海に入って、くだものや貝などをとること
  例）イチゴ狩り、キノコ狩り

21番（接続トラブルの原因）

女の人が電話で話しています。女の人が何をしたときに、問題の原因がわかりましたか。

- Ⓕ：あのう、自宅のパソコンからインターネットに接続できなくなったんですが。
- Ⓜ：わかりました。では、いくつかご質問をさせていただきます。インターネットにつながらないということですが、メールのほうはどうでしょうか。
- Ⓕ：メールもだめです。
- Ⓜ：わかりました。つながらなくなったのはいつからでしょうか。
- Ⓕ：今朝からです。昨日までは何も問題なかったのに、急にです。
- Ⓜ：そうですか。ケーブルのほうは、外れたりしていないか、もうご確認はされたんですね。
- Ⓕ：ええ。確認しました。
- Ⓜ：配線は特に変えてらっしゃらないんですね。
- Ⓕ：ええ、ずっと同じです。ケーブルは最近、長いのから短いのに変えましたけど。でも、普通につながってました。
- Ⓜ：そうですか。一応、確認してみたいと思います。お手数ですが、以前お使いになっていたケーブルに付け替えてみていただけますか。
- Ⓕ：わかりました。ちょっと待ってください。・・・あ、つながりました。

女の人が何をしたときに、問題の原因がわかりましたか。

【正解】 2

ことばと表現

- □ **ケーブル（cable）**：電気製品をつなぐ線
- □ **配線**：電気製品や通信機器などを線でつなぐこと

問題3（概要理解）

1番（授業科目の選択） 39 CD1

男の学生と女の学生が話しています。

- F：ねえ、大体決まった？
- M：大体はね。ただ、国際経済をどうしようか、決めかねてて。
- F：どうして？
- M：出欠が厳しくて、課題提出も多いんだって。今年はサークルの役員になったし、就職の準備もそろそろ始めるし、なるべく負担にならないほうがいいのかなあって思って。
- F：まあ、それはそうね。私も今年は短期の語学留学に行くつもりだから、課題が多いのは避けたいなあ。
- M：とりあえず、もうちょっと考えてみるよ、先輩に聞いたりして。まあ、あきらめて、経済政策にしてもいいんだけどね。それか金融論か。
- F：あ、私は経済政策をとるつもりよ。

何について話していますか。
1. 就職活動
2. 短期の留学
3. 授業科目の選択
4. 日本の経済

【正解】 3

ことばと表現
- □経済政策：economic policy／経済政策／경제정책

2番（ラジオショッピング） 40 CD1

ラジオで、女の人が新製品について話しています。

- F：ご存じのとおり、X社の製品の最大の特徴と言えば、持ち運びに便利な、軽くて小さなボディですよね。その持ち運びの便利さから、これまでも多くのビジネスマンの方々にご利用いただいておりますが、この「BOOK10」は、コンパクトなボディはそのままに、さらに大きな画面でお使いいただけるようになりました。表示できる情報量が増えますから、ビジネスマンの方にとっては、ますます重宝するんじゃないでしょうか。もちろん、ビジネスマンの方に限らず、移動中にインターネットをしたいという方、また、これまでと同様、ボディの色は10種類のお色から選べるようになっておりますので、女性の方にもおすすめです。

女の人は、何について話していますか。
1. ノートパソコン
2. デジタルカメラ
3. テレビ
4. 携帯電話

【正解】 1

ことばと表現
- □持ち運び：持ってほかのところに運ぶこと
- □ボディ(body)：機械などの本体、主要部分
- □画面：a display screen／画面／화면
- □重宝(する)：便利で役に立つ

3番（絵をかくときに大切にしていること） 41 CD1

絵画コンクールで賞を取った女の人が、インタビューに答えています。

- M：私は小さいころから、人懐っこい性格だと言われてきました。人見知りなんかもほとんどせずに、初めて出会った人にでも、「この人はどんな人なのかな？もっと知りたいな」と思って相手にどんどん歩み寄っていました。これは今の作品制作にも通じるところがあるんじゃないかと思います。もちろん肖像画の場合も、その人間そっくりに、写真のように描けばいいというものではありません。ですから私は、絵をかく前に、あるいはかきながら、なるべく時間をかけてモデルさんと話をするようにしているんです。その人の人柄や内面に少しでも触れて、それを踏まえて自分の目に映った姿を描き出す。そうすることで、その人物を生き生きと描くことができるんじゃないかなと思っているんです。

女の人は、絵をかくとき、どんなことを大切にしていると言っていますか。

1　本物そっくりにかくこと
2　モデルのいい面だけをかくこと
3　モデルとじっくり対話すること
4　生き生きとした表情をかくこと

【正解】3

ことばと表現

□**人懐っこい**：人とすぐ友達になれる
□**人見知り(する)**：初めて会う人に対して、恥ずかしがったり不安を感じたりすること
□**肖像画**：人物の絵

4番（最近の若者の結婚観） [42 CD1]

ラジオで専門家が話しています。

Ⓜ：最近の女性の結婚観には大きな変化が見られます。以前はほとんどの女性が30歳までに結婚することを当たり前のように考えていましたが、今では30歳以上の女性の半数近くが未婚です。女性は30歳までに結婚しなければならない、といった世間一般の見方や、それによって女性に向けられる圧力のようなものも、ほとんどなくなりました。
また、最近は仕事で成功して経済力のある女性も多いですが、結婚して子供が生まれたら仕事をやめなければならなかったり、今までのように仕事を続けられなくなる可能性が高いため、結婚に消極的になる場合もあるようです

この話のテーマは主に何ですか。
1　女性の結婚年齢
2　女性の結婚後の仕事
3　女性が結婚しない理由
4　女性の結婚に対する社会的な圧力

【正解】3

ことばと表現

□**圧力**：pressure／圧力／압력

5番（生物学の講義） [43 CD1]

大学の第1回目の授業で、先生が話しています。

Ⓜ：皆さんは、自分の周りにどのような生物がいるか観察したことがあるでしょうか。開発が進んだ都市でも、最近は緑が増えて、さまざまな生き物が見られるようになりました。まずはこの大学周辺を観察し、近くを流れる川に行って、どのような生物が生息しているか調査します。また、人間が自然を利用して暮らしてきた里山と呼ばれる地域がここから遠くないところにありますが、このような里山も研究の対象とし、異なる環境に生きる生物を比較します。この授業では、どのような場所にどのような生き物が暮らしているか、足を使って学んでいってほしいと思っています。

主に何についての講義ですか。
1　生物がすむ環境
2　川の生き物
3　都市に残る自然
4　人間と自然の関係

【正解】1

ことばと表現

□**まずは**：はじめに
□**周辺**：周り
□**生息(する)**：ある場所にすむこと。多くは動物についていう
□**里山**：人が住んでいる所の近くにある、生活に結びついた山や森など
□**足を使う**：活発に動き回る、実際に歩いて回る

6番（大学で～授業の最初に） [44 CD1]

大学の授業で、先生が話しています。

Ⓜ：最近、授業を欠席する人が多いですね。まあ、私の場合、出欠をとるわけでもないし、小テストをするわけでもないし、多少休んだところで、成績にはさほど影響がないかもしれません。友達からノートを借りて、なんとか単位さえもらえればいい、ということなんでしょうか。持つべきものは友達ですね。でも、よく考えてみてください。

この授業に皆さん、いくらお金を払っているかご存知ですか。もちろん、ただじゃありません。一度自分で確認してみてください。自分で学費を稼いでいるのならまだしも、結局、親が払ってくれているんですよね。もったいないと思いませんか。第一、期待している親御さんたちに申し訳ないでしょう。……ごめんなさい、まじめな皆さんを相手に言ってもしょうがなかったですね。じゃ、授業を始めましょう。

先生が言いたいのは、どのようなことですか。
1 いい友達をつくってほしい。
2 親をがっかりさせないでほしい。
3 自分の学費は自分で稼ぐべきだ。
4 最近の学生は元気がない。

【正解】 2

ことばと表現
□ **出欠**：出席と欠席
□ **さほど**：それほど
□ **まだしも**：よくもないがそれでも
□ **親御さん**：他人の親を表す丁寧な言い方

7番（こどもの日） CD2-1

大学の授業で学生が発表しています。

F：5月5日は「こどもの日」です。この日は、かしわ餅やちまきといったお菓子を食べたり、子どもの背を測ったりして、子どもの健康と成長を祈ります。特に男の子がいる家庭では、「こいのぼり」と呼ばれる魚の形をした大きな飾りを飾ったり、「五月人形」と呼ばれる武士の人形を飾ったりします。
……と言うと、「こどもの日」というより「男の子の日」なんじゃないかと思う人もいるかもしれません。男の子のために特別なことをするのは、「こどもの日」だからではなく、「端午の節句」だからなのです。「端午の節句」というのは中国から伝わった年中行事の一つで、それが武士の時代に男の子のお祭りへと変化し、今日まで続いているというわけです。「子どもの日」は、そうした伝統行事に基づきながら、男の子だけでなく、すべての子どもの幸せを願う日として、戦後、祝日に定められたのです。

この学生は、主に何について話していますか。
1 「こどもの日」が男の子に人気がある理由
2 「こどもの日」の風習が今日まで続いている理由
3 「こどもの日」に男の子のために特別なことをする理由
4 「こどもの日」を祝日にした理由

【正解】 3

ことばと表現
□ **かしわ餅、ちまき**：お菓子の名前
□ **そうした**：そのような
□ **戦後**：第二次世界大戦の後
□ **定める**：決める、制定する

8番（社員研修の概要） CD2-2

社員研修で、講師が参加者に話しています。

M：さて、現在中堅の立場にある皆さんが、今後いかにしてリーダーとして成長していけるか、ということをテーマに研修を行いたいと思います。当然のことではありますが、皆さんの立場になると、新入社員のころのように、まじめに一生懸命、目の前の仕事に当たればいいというものではありません。上司と部下との間に板ばさみになるなど、精神的なストレスも生じがちになりますが、皆さんが今後組織の上に立つためには必要な過程です。そこで、研修の第1回目では、部下への指示とフィードバックの仕方について話をしたいと思います。

この研修の参加者はどのような人ですか。
1 入社後間もない人
2 会社組織の中間に位置する人
3 会社の経営を担っている人
4 人材の育成を主に行っている人

【正解】 2

ことばと表現
□ **中堅**：ここでは、「組織において、上下の中間的な立場に位置する者」の意味
□ **いかに**：どのように

□ 板ばさみ：意見が異なる二者の間で、どちらの味方になることもできず、苦しむこと
□ 担う：自分の責任として引き受ける
□ 育成（する）：人材を育てること

9番（リーダーの役割）

講演会で、男の人が話しています。

M：組織の中で選ばれたリーダーには、いろいろなタイプがあります。経験の浅い若いリーダーもいれば、経験豊かな年配のリーダーもいるでしょう。また、それぞれいろいろな性格のリーダーがいることでしょう。

しかしながら、そのリーダーたちに共通しているのは、今その組織に最も必要とされている人間であるということです。ですから、リーダーとして選ばれた人は、その組織をまとめ、組織が進む方向性を明確に示さなければなりません。また、リーダー自身が模範となって、メンバー全員を導いていかなければならないのです。

この話のテーマは何ですか。
1　リーダーの性格
2　リーダーの年齢
3　リーダーの選ばれ方
4　リーダーの役割

【正解】4

ことばと表現

□ 経験が浅い：経験が少ない
□ 模範：真似するべきいい例

10番（おすすめの美容法）

専門家がテレビのインタビューに答えています。

F：最近は高価な化粧品を使って美肌を目指そうとしている方が多いですよね。でも、それほどお金をかけなくても、ご自分に合った化粧品が見つかると思います。低刺激で天然素材のものがおすすめですね。それから、食物繊維を体に取り入れることは美容に大変効果がありますから、毎日バランスの取れた食事を心がけて健康な体作りをしてください。そして、睡眠不足は美容の妨げになりますから、十分な睡眠を確保してほしいですね。特に夜の10時から2時の間は肌の生まれ変わりが最も活発になる時間帯ですから、この時間に睡眠をとることが重要です。これらのことを実践すれば、今より美しいお肌を手に入れることができるでしょう。

専門家は、主に何について話していますか。
1　化粧品の種類
2　おすすめの美容法
3　健康と食事の関係
4　睡眠の肌への効果

【正解】2

ことばと表現

□ 美肌：きれいな肌
□ 天然素材：natural material／天然的素材／천연 소재
□ 妨げ：じゃまになること
□ 生まれ変わり：新しくなって再び生まれてくること

11番（留守番電話～待ち合わせの変更）

留守番電話のメッセージを聞いています。

F：もしもし、佐藤です。すみません、明日の待ち合わせですが、一人都合が悪くなった人がいるので、時間と場所の変更をさせていただきたいと思います。
待ち合わせ時間は午後6時ではなくて6時半、待ち合わせ場所はまつかわ駅西口前にあるショッピングセンターの駐車場にします。駐車場が広いので、わからなければ私の携帯に連絡ください。電話番号は080-1756-3408です。遅れる場合には、お店に直接行ってください。以前の集まりで使った駅前の、居酒屋コナミです。佐藤の名前で予約してあります。よろしくお願いします。

女の人が伝えたいことは何ですか。
1　来る予定だった一人が来られなくなったということ
2　女の人が明日の待ち合わせに遅れそうだということ

3 待ち合わせの場所が変更になったということ
4 できれば女の人の携帯電話に連絡してほしいということ

【正解】3

ことばと表現

□**居酒屋**：気軽に酒と料理が楽しめる店

12番（注文のキャンセル） CD2-6

電話で、電気屋の人が、客が注文した商品について話しています。

Ⓕ：はい、佐藤です。
Ⓜ：イシダ電気の田中と申します。一昨日は掃除機のご注文をいただき、ありがとうございました。
Ⓕ：あ、はい。
Ⓜ：実は、そのご注文いただいた掃除機なんですが、メーカーに発注しましたところ、お客様がご希望のワインレッドは期間限定のお色のため、今は生産が終了し、在庫もないとのことだったんです。
Ⓕ：ああ、そうなんですか。
Ⓜ：それで、ほかの色でのお取り寄せもできなくはないのですが、最近テレビで商品が取り上げられてから注文が殺到して、今ご注文を受けても、いつお届けできるかわからないそうなんです。そのため、今は注文の受付も止めている状態とのことでした。
Ⓕ：そうですか……。
Ⓜ：それで、大変申し訳ないのですが、一昨日のご注文は一度キャンセルいただいたほうがいいと思いまして。
Ⓕ：そうですか。そういうことなら、仕方ないですね。
Ⓜ：大変恐縮です。今、新製品もいろいろと出ていますので、またご検討いただければと思います。

電話の内容は、どういうものでしたか。
1 キャンセルのすすめ
2 新製品の案内
3 注文内容の確認
4 メーカーからの伝言

【正解】1

ことばと表現

□**メーカー(maker)**：製品を作る会社
□**発注(する)**：注文すること
□**在庫**：stock／庫存／재고
□**取り寄せ**：店にない商品を注文して、届けさせること
□**殺到(する)**：多くの人や物が一つの場所に集中して来ること

13番（会社が求める人材） CD2-7

会社説明会で人事担当者が参加者に話しています。

Ⓜ：うちはご存じのとおり、紳士服の会社ですが、面接の際にはリクルートスーツでなく、普段着ている服で来てもらうようお願いしているのです。するとたいていは、うちがアパレル関係の会社だから、ファッションセンスをテストしているんだと思われるようですが、それは二の次なんです。自分が選んだ服とあれば、その人の個性が表れる。私たちが知りたいのは、その人の個性なのです。会社がどうこうではなく、私はこんな人間だ、こんな仕事がしたい、という個性やビジョンがある人に魅力を感じるんです。この服装の話とも関連するのですが、会社が求める人材というようなものを提示すると、それに合わせようとするんですよ。それでは、つまらないんです。

会社が求めるのは、どのような人材ですか。
1 ファッションセンスのある人
2 服装が個性的な人
3 自分の考えや個性を持った人
4 会社の雰囲気に合わせられる人

【正解】3

ことばと表現

□**人材**：仕事の役に立つ人物
□**アパレル**：衣服
□**二の次**：一番大切なことではない
□**個性**：individuality／个性／개성
□**〜がどうこうではない**：どんな〜かは問題ではない

14番（新しい制度の導入） CD2-8

会社で社長が話しています。

M：えー、今年の最初の挨拶でも言いましたが、業務の効率化は今年の大きな課題です。そこでABC広告でも、ノー残業デーを設けようと思います。まず、決まった時間に仕事を終わらせようとすることで、時間の管理に対する意識が高まるものと思います。普段から無駄なく、段取りよく仕事を進めることで、残業も減っていくでしょう。残業をするなとは言いません。仕事の都合上、必要なこともありますから。ただ、残業することに慣れ、作業の効率化が進まなくなるのはいけません。ましてや、残業のせいで疲労がたまるような状態になれば、ろくな仕事ができないでしょう。仕事帰りに何か趣味をするのもいいでしょう。皆さんに、毎日を生き生きと過ごしてほしいのです。

社長は、新しい制度によって社員がどうなることを期待していますか。

1　健康的になること
2　時間の管理がうまくなること
3　仕事以外の時間が充実すること
4　生き生きと働くこと

【正解】2

ことばと表現
□業務：仕事
□効率化：無駄をなくすこと
□ノー残業デー：残業をしないように会社が決めた日
□段取りよく：順序よく
□ろくな～ない：満足できるような～はない、できない

15番（社員研修で～顧客への対応） CD2-9

社員研修で、講師が話しています。

F：皆さんはこれまで顧客との対立という場面を数多く経験していると思います。顧客を怒らせてしまい、反論してさらなる怒りを買ってしまったということは、身に覚えのある方も多いでしょう。自分たちが自信をもって生み出したプロジェクトや製品なら、反論したくなる気持ちもわかります。しかし、この場合、怒りの原因を探ることが第一です。相手が気分を害したまま感情的になり、度を越えた要求をされてしまったという経験談もあります。そのような要求にすぐに答えてはいけません。そして、万一こちらに非があった場合は誠意をもって謝罪しましょう。顧客と対立してしまったら、その場で急いで解決しようとするのではなく、改めて場を設けるよう相手に働きかけてください。

女の人は、主に何について話していますか。

1　顧客への反論の仕方
2　顧客への対応の仕方
3　顧客への要求の仕方
4　顧客への謝罪の仕方

【正解】2

ことばと表現
□怒りを買う：怒らせる
□身に覚えのある：自分自身、そのことをしたという記憶がある
□経験談：経験したことについての話
□～に非がある：～に問題の責任がある、～が悪い

16番（各店の代表が集まった会議） CD2-10

会議で、男の人が意見を述べています。

M：先日の会議では、各店舗の代表として皆さんそれぞれ報告をなさっていましたが、何というか……どなたも当たり障りのない報告だったように感じられました。まあ、重役なども参加していたせいもあるでしょうが、私は、あのような重々しい会議そのものを何とかしないといけないと考えています。もっとオープンな雰囲気の中で、自由に意見交換ができるようにすべきだと思うのです。店頭で直接お客さんと接している皆さんだからこそわかる課題や問題点、そこからの意見や提案などがたくさんあるのではないでしょうか。どんな些細な問題であれ、あるいは、大きな目標であれ、会社全体でシェアするべきです。ですので、この会議では、お互いの立場など気にせず、積極的に発言していただきたいと思います。

男の人は、何について話していますか。
1　会議での態度
2　会議の雰囲気
3　問題の解決方法
4　報告の内容

【正解】 1

ことばと表現
□ 店舗：店
□ 当たり障りのない：他に悪い影響を与えない
□ 些細な：小さな、大したことのない
□ 発言(する)：みんなの前で意見を言う

17番 （テレビで〜ウナギ屋のレポート） CD2-11

テレビで、男の人がレポートしています。

Ⓜ：はい、こちら、都内の人気のウナギ屋さんからのレポートです。今日は「土用の丑の日」ということで、こちらのお店にも行列ができております。ところで、どうしてこの「土用の丑の日」にウナギを食べるようになったか、皆さん、ご存知でしょうか。由来は今から100年以上も前に遡ります。当時、「丑の日」に「う」のつく食べ物を食べると夏負けしない、と言われていたそうです。例えば、うどんや梅干しなどです。そこで、売上の不振に悩んでいたあるウナギ屋さんが、店頭に「今日は土用丑の日」という紙を貼ってアピールをしたところ、お客さんがどっと増えたそうです。それをほかの店も真似て、全国に広まったということです。いつの時代も、商売はアイデア次第ですね。

男の人は、何について話していますか。
1　「土用の丑の日」にウナギを食べる理由
2　ウナギが日本で人気がある理由
3　ウナギの栄養
4　売上を伸ばす方法

【正解】 1

ことばと表現
□ ウナギ：an eel／鳗鱼／장어

□ 土用：昔の暦（カレンダー）で、季節の変化を示すものの一つで、ある一定の時期を表す　※「土曜日」とは関係ない。
□ 丑の日：「丑」は、全体を12に分け、それぞれに動物を当てて時間や方角を表した「十二支」の一つ。2番目で、ウシを表す
□ 由来：物事の始まり
□ 夏負け(する)：夏の暑さのために、疲れがとれないなど、体の調子が悪くなること
□ 不振：成績などがあまりよくないこと

問題4（即時応答）

1番 (12 CD2)

- F: 例の書類、取ってきてもらえると助かるんだけど……。
- M: 1　ありがとうございます。助かりました。
  2　わかりました。すぐ取ってきます。
  3　大丈夫ですか。お手伝いしましょうか。

【正解】2

2番 (13 CD2)

- M: 次、どこ行こっか。
- F: 1　えっ、今、急いだって無駄だよ。
  2　そうだね。思ったより期待外れだったよ。
  3　あっ、ごめん！ 用事があるの、思い出したから、先に帰るよ。

【正解】3

ことばと表現
□**期待外れ**：期待どおりにならないこと

3番 (14 CD2)

- F: ここんとこ、先にやっておかないと後で苦労するよ。
- M: 1　そうなの？ 聞いといてよかった。
  2　ううん。やっておかないよ。
  3　では、後でお持ちください。

【正解】1

ことばと表現
□**ここんとこ**：ここのところ、この場所。ここでは「作業をする過程の一部分」の意味

4番 (15 CD2)

- M: 明日の会議はあちらの都合で延期ってことだったよね？
- F: 1　はい。延期したいとの旨、伝えておきました。
  2　ご都合さえよければ、それでいいと思います。
  3　はい、後日改めて日程を決めることになっています。

【正解】3

ことばと表現
□**旨**：趣旨、内容

5番 (16 CD2)

- M: さんざん待たせておきながら、「すみません」の一言もなかったんだよ。
- F: 1　それはよかったんじゃない？
  2　早く謝ったほうがいいよ。
  3　それはひどいね。

【正解】3

ことばと表現
□**さんざん**：嫌になるほど、程度がひどい

6番 (17 CD2)

- M: 田中さん、この間の企画書、とてもよくかけていたよ。
- F: 1　いいえ。つまらないものですが。
  2　ありがとうございます。課長のご指導のおかげです。
  3　そうですか。よかったですね。

【正解】2

ことばと表現
□**企画書**：planning paper／企划书／기획서

7番 (18 CD2)

- M1: 頼む。今夜寝る場所ないんだよ……。
- M2: 1　ああ、いいよ。うち狭いけど。
  2　そんなことないって。
  3　うん。寝るとこないね。

【正解】1

ことばと表現
□ 頼む：ここでは、「お願いします」の意味、親しい人に対して使う
□ 寝る場所：ここでは、「泊まる場所」の意味
□ とこ：ところ、場所

8番

Ⓜ：この度は納期が遅れてしまいまして、何とお詫び申し上げていいか……。
Ⓕ：1　丁寧に謝ってください。
　　2　もう何回目だと思っているんですか。
　　3　はい、期待しています。

【正解】2

ことばと表現
□ 納期：商品を納める時期や日、また、その約束をした日

9番

Ⓕ：沖縄に行ったんだけど、まさか海があんなにきれいだとは思わなかったよ。
Ⓜ：1　へえ、あんまりきれいじゃなかったんだ。
　　2　へえ、そんなにきれいだったんだ。
　　3　へえ、きれいだと思わなかったんだ。

【正解】2

ことばと表現
□ まさか～とは思わなかった：「～ということを全く予想していなかった」という意味で、驚きの気持ちがある

10番

Ⓜ：これ、向こうの部屋に持ってっとこうか。
Ⓕ：1　うん、持ってっとく。
　　2　うん、お願いできる？
　　3　うん、持ってて。

【正解】2

ことばと表現
□ 持ってっとこう：「持っていっておこう」が短くなった形

11番

Ⓕ：木村君がいなくなると寂しくなるなー。
Ⓜ：1　まあ、たまに顔出すからさ。
　　2　いついなくなるか、わからないからね。
　　3　寂しがってるんじゃないかな。

【正解】1

ことばと表現
□ 顔(を)出す：訪問する、出席する

12番

Ⓜ：今度のプロジェクト、成功するかなあ。
Ⓕ：1　ええ、うまくいくと思いますよ。
　　2　それは大変でしたね。
　　3　はい、承知いたしました。

【正解】1

ことばと表現
□ プロジェクト：研究や開発の企画・計画

13番

Ⓕ：最近、登山が面白くなっちゃって。休みになると、山にばっかり行ってるよ。
Ⓜ：1　へえ、誰から聞いたの？
　　2　ふーん、どうしてやらないの？
　　3　え、じゃあ、毎週末、登ってるの？

【正解】3

14番

Ⓜ：あの子はあんなに幸せそうだったのにね。
Ⓕ：1　ほんと、羨ましい限りね。
　　2　まさか、こんなことになるなんてね。
　　3　うん、あの時はすごく仲良かったね。

【正解】2

15番

Ⓕ：今すぐは判断できかねますので、会社に持ち帰ってお返事させていただいてもよろしいでしょうか。
Ⓜ：1　では、後ほどご連絡ください。
　　2　では、あとでお持ちください。
　　3　では、こちらでお待ちください。

【正解】1

16番

Ⓕ：これ、大切なものだったのに……。
Ⓜ：1　いいよ、いいよ。気にしないで。
　　2　ごめん。弁償するよ。
　　3　大切なものをどうもありがとう。

【正解】2

ことばと表現
□弁償（する）：to compensate／賠償／변상

17番

Ⓕ：ふじ貿易の売上が激減してるって。
Ⓜ：1　ずいぶん景気がいいな。
　　2　うちも他人事じゃないと思うよ。
　　3　うちも見習いたいな。

【正解】2

ことばと表現
□激減（する）：数や量などが急にひどく減ること

18番

Ⓜ：悩んだら買わない。これだけでも出費は抑えられるはずですよ。
Ⓕ：1　もう少し抑えたほうがいいですね。
　　2　はい、そうしてみます。
　　3　そんなはずではなかったんですが……。

【正解】2

ことばと表現
□出費：費用を出すこと、必要になる費用
□抑える：ここでは「多くならないようにする」という意味

19番

Ⓜ：山田さん、ちょっと手を貸してもらえますか？
Ⓕ：1　すみません。私も今使っているんです。
　　2　ええ。いいですよ。お手伝いします。
　　3　すみません。ちょっと手が汚れているんです。

【正解】2

ことばと表現
□手を貸す：手伝う

20番

Ⓜ：長い髪がとてもお似合いですが、切ってしまって本当に大丈夫ですか。
Ⓕ：1　よかったですね。
　　2　ええ。たまには短いのもいいかなって……。
　　3　ええ。短いと子供っぽく見えちゃうんですよ。

【正解】2

21番

Ⓜ：経理の田中さん、最近怒りっぽいんだけど、何でかなあ。
Ⓕ：1　うん、怒ってるよ。
　　2　そうなんじゃない？
　　3　気のせいなんじゃない？

【正解】 3

ことばと表現

□怒りっぽい：ちょっとしたことに対してもすぐ怒る

22番

Ⓜ：次の予約をしたいんですが。
Ⓕ：1　いつから始まりますか。
　　2　来週水曜日、9時半はいかがですか。
　　3　では、午後2時から始めましょう。

【正解】 2

23番

Ⓕ：ねえ、明日、この子、病院に連れて行けない？
Ⓜ：1　うーん、明日は大事な会議があるんだよ。
　　2　明日は病院に行かないよ。
　　3　もちろん、その子は連れて行くよ。

【正解】 1

24番

Ⓕ：石原さんときたら、全然聞く耳持たないんだよね。
Ⓜ：1　彼も頑固ですからね。
　　2　持ってもらうしかないですね。
　　3　もう一度聞いてもよろしいですか。

【正解】 1

ことばと表現

□〜ときたら：〜はいつも、〜は本当に（「〜」に対する驚きやあきれた気持ちを込めた言い方）

□聞く耳（を）持たない：相手の言うことを聞く気がない、聞こうとしない

25番

Ⓜ：今年こそ運転免許を取ってやる！
Ⓕ：1　じゃ、今年は取れないかもしれないの？
　　2　じゃ、取れたらドライブに連れて行ってね。
　　3　じゃ、お祝いをしないとね。

【正解】 2

問題5（統合理解）

1番（研修会の準備）

会社で、社員が研修会の準備について話しています。

- F1：明日の研修会の準備について、ざっと説明するね。まずはパソコンやマイクなどの機器の配線と動作確認。パソコンやマイクはもう部屋にあるから、つないで確認するだけね。次に資料の準備。印刷は済んでるから、あとは机の上に並べるだけ。それから、講師の先生方に最終確認の電話。お一人は日本語があまりできないから英語でお願いします。あとは受付の用意。テーブルを廊下に出さないと。そうねえ、入口の前でやるから、隣の会議室から1台持ってきましょうか。いす二つと。この四つの中から一つずつ選んでくれる？ 残りの二つは佐藤さんと田中さんに頼むから。
- M：どうする？
- F2：うーん。機械は苦手だからなぁ。小川君、得意じゃない？
- M：まあ、人並みにはできるけど。山本さんこそ、留学経験あるから、英語大丈夫でしょ。
- F2：留学ったって、短期だし。できれば単純作業がいいんだけど。
- M：じゃ、4人のうち僕以外、みんな女性だから、とりあえず、力仕事やります。
- F2：どうしようかなー。久しぶりに英語がんばってみるか。

男の人は何をしますか。

1　機器の配線と確認
2　資料の準備
3　講師への確認の電話
4　受付の準備

【正解】 4

ことばと表現

- □**機器**：機械・器械・器具のこと
- □**配線**：電気製品や通信機器などを線でつなぐこと
- □**人並み**：世間一般の人と同じ程度であること
- □**～ったって**：～といっても
- □**力仕事**：特に体力を必要とする仕事

2番（インターネット講座デジカメ講座）

市役所で、女の人が尋ねています。

- F：すみません、インターネットとかデジカメとかを基礎から学べる講座があるって聞いたんですが。
- M：はい、「インターネット講座」と「デジカメ講座」があります。
- F：ああ、両方あるんですね。
- M：はい。どちらも目標レベルやレッスンの回数によって「Aコース」と「Bコース」の2コースあります。「Aコース」が1回2時間の4回、計8時間のコースで初心者向けの内容です。「Bコース」が2時間12回、計24時間のコースで、基本的なことを一通りマスターすることをめざしたものです。
- F：そうですか。えーと、講座内容はどうなっていますか。
- M：「インターネット講座」では、ホームページやキーワードの検索、オンラインショッピングの仕方、ブログの閲覧などを学習します。「デジカメ講座」では、撮影の基本知識をはじめ、データの加工や整理方法などです。
- F：そうですか……。じゃ、メールやホームページはある程度できるので、デジカメのほうにします。
- M：コースはどちらになさいますか。
- F：ああ、ほんとにごくごく基本的なことさえわかればいいので、こっちの短期のほうにします。

女の人は、どのコースを受講しますか。

1　インターネット講座のAコース
2　インターネット講座のBコース
3　デジカメ講座のAコース
4　デジカメ講座のBコース

【正解】 3

ことばと表現

- □**講座**：一定の期間にわたって専門的知識を授ける講習会
- □**検索(する)**：インターネットなどの中から必要な情報を調べて探し出すこと
- □**閲覧(する)**：新聞・書類・ウェブページなどの内容を調べながら読むこと
- □**加工(する)**：原料や素材に手を加えて新しい物を作ること。細工をすること
- □**ごくごく**：非常に

3番（引っ越しをする日）

男の人が、引っ越しをする日について相談しています。

- **F**：はい、あさひ不動産です。
- **M**：あのう、先日、そちらでお部屋を紹介していただいた山本と申しますが。
- **F**：あ、山本様ですね。ありがとうございます。
- **M**：あのう、先日契約した部屋には25日から入れるということでしたけど、一日早くしてもらうことはできないでしょうか。実は、今の部屋を出なければならないのが、25日じゃなくて24日だったんです。
- **F**：そうですか……。前日までクリーニングが入っているんですが、ちょっと聞いてみないと何とも……。とにかく、大家さんに聞いてみます。
- **M**：すみません、お願いします。
- **M2**：どうだって？
- **M**：聞いてみてくれるって。
- **M2**：今の大家さんには相談したんだよね。
- **M**：ああ、今朝ね。引っ越し先のほうに一応聞いてみてほしいって。それで、どうしてもだめだったら、何とかしてくれるみたい。
- **M2**：じゃ、とりあえず最悪の事態は免れそうなんだ。
- **M**：うん。たぶんね。

男の人の状況について、正しいのはどれですか。
1 引っ越しの日が一日早くなった。
2 今の部屋にもう一日いられることになった。
3 新しい大家さんの回答を待っている。
4 今の大家さんに相談したが、断られた。

【正解】 3

ことばと表現

- □**契約(する)**：contract／协约／계약
- □**クリーニング**：部屋の掃除
- □**免れる**：避けられる

4番（在学中に受ける試験）

男の学生と女の学生が、雑誌を見ながら話しています。

- **M**：最近、就職厳しいっていうから、大学卒業までに資格の一つや二つ取っておきたいよね。
- **F**：そうだね。〈本をめくる音〉う～ん、就職に有利な資格……結構いろいろあるね。語学、事務、金融、コンピューターか……。
- **M**：やっぱり英語は必須だなあ、どの分野に行くにしても。原さんはしゃべれるからいいけど。
- **F**：でも、英語できる人もいっぱいいるからね。やっぱり何かほしいよ。
- **M**：僕は理系だし、やっぱりコンピューター関係のを取りたいなあ。
- **F**：いいんじゃない。あ、秘書の検定だ。これ持ってると就職に有利だよね。
- **M**：だろうね。でも、原さんは秘書って感じじゃないよ。積極的に前に出るほうが合ってると思う。
- **F**：そうなのかなあ。
- **M**：これは？ 金融関係で、ファイナンシャルプランナー。資産運用とか資金計画のアドバイスをするんだって。こっちのほうが向いてるよ。
- **F**：へー、面白そう。確かに、私が秘書をやってるのはあんまり想像できないね。
- **M**：英語ができると、さらにチャンスが広がるって書いてあるよ。ぴったりじゃない。
- **F**：そうね。じゃ、挑戦してみようかな。

女の人が受けようと思っているのは、どれに関係する試験ですか。
1 英語
2 秘書
3 金融
4 コンピューター

【正解】 3

ことばと表現

- □**金融**：finance／金融／금융
- □**秘書**：secretary／秘书／비서
- □**検定**：一定の基準のもと、品質や資格を認めること
- □**ファイナンシャルプランナー**：お金や財産の管理や使い方、計画などについて、アドバイスをする専門的職業
- □**資産運用**：money management／资产运用／자산운용
- □**資金**：事業のもとになる金

5番 (カメラ選び)

- Ⓕ：新しいカメラ、どれがいいかな。
- Ⓜ1：そうだなぁ。いっぱいありすぎて迷っちゃうな。すみません。おすすめのってどれですか？
- Ⓜ2：はい。こちらはいかがでしょうか。機能がいろいろついていて、大変便利ですが。値段もかなりお安くなっています。
- Ⓕ：そうねえ。でも、デザインが普通すぎて、おもしろくないな。友達が持っているのとほとんど同じ。
- Ⓜ2：では、こちらはどうでしょう？ 最近出たもので、デザインを気に入って買われる方が多いようです。コンパクトで軽いですが、標準の機能は全部付いています。
- Ⓜ1：うーん、でも、ちょっと値段が高いかな。
- Ⓜ2：そうですか……。では、機能はちょっと少なくなりますが、こちらはだいぶお求めやすいお値段かと。
- Ⓕ：そうねえ。確かに安いけど。でも、機能が少ないのはなあ。
- Ⓜ1：じゃ、やっぱり機能重視で決めようよ。
- Ⓕ：そうね。結局、デザインはそんなに差がないし、贅沢言ってもきりがないからね。

（質問1）最初に店員がすすめたカメラの何が気に入らなかったのですか。

（質問2）二人はどんなカメラを買いますか。

【正解】(1) **3** (2) **2**

ことばと表現

- □**コンパクト**：十分な内容を備えながら小さくまとまっていること
- □**〜重視**：〜が重要だと考えること
- □**贅沢(を)言う**：贅沢な要求をする、高望みをする
- □**きりがない**：終わりがない

6番 (一人暮らし)

家族3人が話しています。

- Ⓜ1：大学に合格したら、やっぱり一人暮らしをしたいなあ。
- Ⓕ：一人暮らし!? どこの大学に行くにしても、うちから1時間半もあれば行けるでしょ？ それに、家賃だって毎月かかるじゃない。
- Ⓜ1：そうだけど、往復で3時間は疲れるよ。時間ももったいないし。部屋代は申し訳ないけど。でも、それ以外の生活費は自分で稼ぐよ。アルバイトするから。
- Ⓕ：でも、アルバイトばっかりやって、勉強が疎かになるんじゃないの？ そういうの、よく聞くから。
- Ⓜ2：アルバイト自体はやればいいと思うよ。大学生にもなれば、いろいろ社会経験をしたほうがいいから。ただ、授業はちゃんと出て、勉強はしっかりやってもらわないとな。
- Ⓕ：ちょっと待って。それじゃ、何だか認めてるみたいじゃない。私は反対よ。どうせ、食事とか掃除とかちゃんとしないで、夜遅くまで外を出歩いたりするに決まってるんだから。
- Ⓜ1：そんな、決めつけないでよ。
- Ⓜ2：まあまあ、とにかくまだ大学に行けるかどうかもわからないんだから。無事に合格が決まったら、また考えればいいよ。

（質問1）息子は、一人暮らしにかかる費用について、どんな提案をしていますか。

（質問2）息子に対して両親が共通して望むのは、どんなことですか。

【正解】(1) **3** (2) **1**

ことばと表現

- □**一人暮らし**：一人で生活すること
- □**疎か**：やるべきことを十分にしない
- □**出歩く**：外に出て、あちこちに行く
- □**決めつける**：一方的に断定する

PART 2　模擬試験

第1回　模擬試験

問題1（課題理解）

1番（電動歯ブラシ） 43 CD2

会社で、男の人が上司と話しています。男の人は、これからまず何を準備しますか。

Ⓜ：あのう、課長、ちょっとよろしいですか。電動歯ブラシの新製品の件なんですが。
Ⓕ：ああ、明日さくら広告と打ち合わせだったよね。
Ⓜ：はい。資料ができましたので、目を通していただけますか。
Ⓕ：ご苦労さま。うーん。この図、直したほうがいいかなあ。これだと製品の特徴がわかりにくいと思う。
Ⓜ：あのう、サンプルが予定より早く上がって、明日の朝、こちらに届くそうなんですが。
Ⓕ：あ、そうなんだ。だったら、それをお見せすればいいか。うん、じゃ、資料はこれでいいね。
Ⓜ：はい。打ち合わせでは、パソコンを使うんでしたね。
Ⓕ：うん。明日、打ち合わせの前にすぐ使える状態にしといてね。
Ⓜ：わかりました。
Ⓕ：そうそう。先月発売になった電動歯ブラシ用の歯磨き、評判いいから、明日試供品お渡ししようか。
Ⓜ：そうですね。
Ⓕ：じゃ、今日中に用意しといてくれる？　倉庫にあるから。
Ⓜ：はい、わかりました。

男の人は、これからまず何を準備しますか。

【正解】4

ことばと表現
□**電動歯ブラシ**：電気の力で動く歯ブラシ
□**目を通す**：一通り見る
□**〜が上がる**：完成する、仕上がる
□**試供品**：試しに使ってもらうために無料で提供されるサンプル

2番（グラフのタイプ） 44 CD2

大学で、先生と女の学生がゼミの発表で使うグラフについて話しています。学生は、どのグラフを使うことにしましたか。

Ⓕ：先週お送りした資料についてなんですが、グラフをのせたほうがわかりやすいんじゃないかと思って、グラフの案を4つ作ってみたんですが……、いかがでしょうか。
Ⓜ：あ、作ってきたんだね。うーん、そうだねえ……折れ線グラフだと年ごとの変化がよくわかるし、この棒グラフだと15年の差がよくわかるね。山田さんが発表で強調したいのはどっちだろう？それによって使うグラフはかわってくるね。
Ⓕ：すみません、どれを強調するのがいいか、ちょっとよくわかりません。
Ⓜ：そうだね。折れ線グラフにすると輸入額の変化がよくわかるよね。棒グラフなら、こっちのだと輸入額だけでなくて輸入額と輸出額の割合がわかるね。そうだねえ、山田さんの発表内容からすると、5年ごとの変化よりも輸入と輸出の割合がはっきりわかるこれのほうがいいんじゃない？
Ⓕ：はい、わかりました。そうします。

学生は、どのグラフを使うことにしましたか。

【正解】4

ことばと表現
□**折れ線グラフ**：line graph／线图／꺾은 선형 차트
□**棒グラフ**：bar graph／直线图表／막대 그래프

3番（出産祝い） 45 CD2

会社で、女の人と男の人が話しています。女の人は出産祝いに何を買いますか。

Ⓕ：ねえ、まきちゃんにあげる出産祝いのことなんだ

けど。
Ⓜ：ああ、同期のみんなで贈るっていう。
Ⓕ：そう。私が買いに行くことになってるじゃない？何がいいかなって思って。ベビー服はどうかなあ？
Ⓜ：服か。確かに服はたくさん要るだろうけど、好みがあるんじゃない？あげても使ってもらえないんじゃなあ……。
Ⓕ：でも、私、まきちゃんの好み、わかってるから、その点は大丈夫だよ。
Ⓜ：それより商品券は？ 実用的でいいんじゃない？
Ⓕ：うーん、実用的は実用的だけど、なんか味気なくない？
Ⓜ：そう？ 俺はいいと思うけどなあ。
Ⓕ：やっぱり服がいいよ。親子ペアで着られるやつ。
Ⓜ：それに商品券付けるとか？
Ⓕ：そこまでしなくていいよ。
Ⓜ：あ、そう。

女の人は出産祝いに何を買いますか。

【正解】 2

ことばと表現

□同期：同じ時期に入社した人
□同期のみんなで贈るっていう。：ここでは、「同期のみんなで贈ることになっている出産祝いの話ですね。」という意味
□味気ない：魅力がなくてつまらない

4番（経費削減の方法） 46 CD2

喫茶店の店長と店員が話しています。店長はこのあと何をしますか。

Ⓜ：あ、佐藤さん、ちょっといい？ 経費削減のために節電したいって思ってるんだけど、何かいいアイデアない？
Ⓕ：うーん、そうですね……。今すぐできることっていうと、使ってない電気製品のコンセントを抜くとか……。
Ⓜ：そんなこと、とっくにやってるよ。
Ⓕ：そうでしたか、すみません。うーん、エアコンの設定温度も高めにしてありますし、ほかにできることと言ったら……。
Ⓜ：あ、でも、この店のエアコンって、かなり古いんだよな。最近のエアコンって、昔のに比べて電気代がかなり節約できるんでしょ。
Ⓕ：はい。思い切って買い替えてもいいかもしれませんね。
Ⓜ：そうだな。どんなのがあるか、ちょっと調べてみるか。あ、そう言えば、トイレの電気がずっと付けっぱなしになってるんだよね。
Ⓕ：使用後は消してもらうよう、張り紙でもしておきましょうか。
Ⓜ：そうだな。そうしてもらおうか。

店長はこのあと何をしますか。

【正解】 3

ことばと表現

□経費：ある物事を行うのに必要な費用
□節電（する）：電気をあまり使わないようにすること
□買い替える：新しいものを買って、今までのものと替えること
□〜っぱなし：〜たまま
□張り紙：案内や宣伝などのために壁などに張られた紙

5番（キャッシュカードの紛失) 47 CD2

男の人と女の人が話しています。男の人はこれから何をしますか。

Ⓜ：あのさ、ちょっと聞いていい？ カードをなくしちゃったんだけど、連絡って警察にすればいいんだよね？ あと、大学の学生課。
Ⓕ：えっ、大変じゃない！ すぐにカード会社に連絡して止めてもらわないと。
Ⓜ：あ、ごめん。クレジットカードじゃなくてキャッシュカード。
Ⓕ：じゃ、銀行にしないと。
Ⓜ：でも、暗証番号がないと下ろせないし、どうせ大して入ってないから。警察と大学にだけ、落とし物がないか聞こうと思ってたけど、連絡、したほうがいいかな。
Ⓕ：当たり前じゃない。暗証番号だってわかるかもしれないし、残高が少なくても、詐欺の振込先に使われたりすることだってあるでしょ。
Ⓜ：そっか。それもそうだね。ああ、でも、銀行の番

号がわからないなあ。
- F：そんなの、104に電話すればいいじゃない。

男の人はこれから何をしますか。

【正解】 2

ことばと表現
- □残高：預金や借金などの残った分
- □詐欺：人をだましてお金をもうけること

6番（申し込みの手順） 48 CD2

女の人と男の人が、申し込みの手続きについて話しています。女の人は、まず何をしなければなりませんか。

- F：このABCプログラムに参加したいんだけど、どうすればいいのかなあ。
- M：ここに書いてあるじゃない。申込書に必要事項を書いて、80円切手を貼った返信用封筒と一緒に郵送するって。
- F：あ、ほんとだ。
- M：申込書はホームページからダウンロードできるって。ああ、ここにボタンがあるね。それか、ファックスでも送ってくれるって。
- F：じゃ、ダウンロードするか。
- M：あ、でも、インクが切れてたと思う、プリンターの。
- F：ほんと？
- M：やっぱりそうだ。交換しないと。
- F：じゃ、だめじゃない。いいよ、電話するから。

女の人は、まず何をしなければなりませんか。

【正解】 4

ことばと表現
- □必要事項：必要なこと
- □返信用封筒：返事をするための封筒

問題2（ポイント理解）

1番（退職後の予定） 49 CD2

男の人が上司に話しています。男の人は、会社を辞めて、まずどうしますか。

- M1：本当にいいんだね。
- M2：はい、今年の3月限りで辞めさせていただきます。
- M1：君のような優秀な人間を失うのは、会社としてもすごく残念だよ。
- M2：ありがとうございます。ご期待に添えなくて、申し訳ありません。
- M1：まあ、田中さんの人生だからね。で、辞めてどうするの？
- M2：はい。家の商売を継ぐことにしました。実家が和菓子屋なんです。
- M1：ほー。それは驚いたなあ。いや、ひょっとして、会社でも始めるのかなあと思ってたんだよ。経営についていろいろ聞いたりしてたから。で、仕事はいつから？
- M2：いえ、その前に勉強をしたいんです。お菓子作りのことを何も知らないので。
- M1：なるほどね。じゃ、どこか学校に？
- M2：はい、明日から専門学校に通います。そのあと、経営の専門学校にも通うつもりです。
- M1：結構忙しそうだね。ちょっと休めばいいのに。
- M2：ええ、そうなんですけど……。

男の人は、会社を辞めて、まずどうしますか。

【正解】 4

ことばと表現
- □継ぐ：ここでは「店や会社など、家の仕事を引き受けて続ける」という意味

2番（インターホンの故障） 50 CD2

男の人が、マンションの管理人と電話で話しています。男の人は、どうしてインターホンがおかしいと思いましたか。

Ⓕ：はい。
Ⓜ：すみません、402号室の田中ですが。
Ⓕ：ああ、田中さん。どうしましたか。
Ⓜ：ちょっと部屋のことで……。実は、玄関のインターホンが鳴らないみたいなんです。先週の土曜日、家にずっといたのに宅配便の不在通知が入っていて、おかしいなあと思ってたんです。
Ⓕ：そうなんですか。
Ⓜ：そうしたら、昨日もやっぱり鳴らなかったんです。友達に、いなかったから帰ったって言われて。さっきも試したんですが、やっぱりだめでした。
Ⓕ：そうですか。それはいけませんね。じゃ、今、そちらに行って見てみますよ。
Ⓜ：ああ、すみません、今外出中なんです。あと1時間ほどで帰りますので、それからまたご連絡します。
Ⓕ：わかりました。

男の人は、どうしてインターホンがおかしいと思いましたか。

【正解】 2

ことばと表現

□インターホン：intercom／对讲／인터폰
□不在通知：留守中に配達に来たことを知らせるもの
□指摘（する）：point out／指摘／지적

3番（子供の英語学習） 51 CD2

女の人たちが子供の英語教育について話しています。二人はいつから子供に英語を学ばせますか。

Ⓕ1：ねえねえ、昨日、子供英会話教室の無料体験に行ってきたよ。
Ⓕ2：えー、まだ2歳なのに英語習わせるの？
Ⓕ1：まあ、無料だから行ってみたんだけど、毎回親も一緒に出なきゃいけないから、通い続けるのが大変だなあと思ったんだよね。
Ⓕ2：そうだね。でも、小学校で英語が必修になったから、ちょっと早めに英語に触れさせたいなとは思ってるんだけど。
Ⓕ1：私たちの頃は中学からだったしね。どうしても発音がうまくできなかったな……。
Ⓕ2：確かに、発音は小さいうちから始めたほうが身につきやすいって言うよね。
Ⓕ1：そう言えば、幼稚園で英語教育やってるとこがあるらしいよ。
Ⓕ2：ああ、知ってる。でも、学費高くない？
Ⓕ1：そうなの。ほかの幼稚園に比べてかなり高くて、うちじゃ、ちょっと余裕ないな。
Ⓕ2：小さいうちから外国語を学ばせるのがいいかどうか、専門家の間でも意見が分かれてるしね。
Ⓕ1：うん。で、夫とも相談したんだけど、学校で英語の授業が始まってからでいいんじゃないかってことになって。
Ⓕ2：そうだねえ。うちもそうしようかな。

二人はいつから子供に英語を学ばせますか。

【正解】 3

ことばと表現

□早め：決まった日時よりも早いこと
□英語に触れる：英語と関わる、英語に慣れる
□学費：学校で教育を受けるためにかかるお金

4番（就職説明会で） 52 CD2

大学の就職説明会で、就職課の人が話しています。男の人が判断が難しいと言っているのは、どれについてですか。

Ⓜ：皆さんの多くは、一流企業や有名企業に入りたいと望んでいるものと思われます。社会的な信頼が得られ、周囲の期待にも応えられます。しかし、会社選びでは、さまざまな観点から考えるようにしましょう。まず、会社の業績や経営状態は自分で確認しましょう。大企業だからといって、経営が安定しているわけではありませんし、小さくても、将来性が高く、これからどんどん発展していく会社もあります。将来性がどうかは判断が難しいですが、経済情報誌なども参考にしてください。さて、業績を見るのは重要ですが、ほかにもあります。今日、企業には、より積極的な社会貢献が求められます。そういう姿勢と責任感を持った会社かどうか、この点にも注目しましょう。

男の人が判断が難しいと言っているのは、どれについてですか。

【正解】 3

> ことばと表現
> □観点：物事を見たり考えたりする立場
> □業績：事業や研究において得られた成果

5番（薬を飲むときの注意） 53 CD2

薬局で、薬剤師が薬について説明しています。薬を飲むとき、一番注意しなければならないことは何だと言っていますか。

Ⓕ：今日は全部で4種類のお薬を出しますね。この紙にいつ飲むかと、どれだけ飲むかが書いてありますから、よく読んでから飲むようにしてください。飲む量は書いてある通りにしてください。多すぎても少なすぎてもよくないですから。飲むときは、コップ1杯以上の水か、ぬるま湯で飲んでください。それから、この薬を飲むときですが、市販の頭痛薬は一緒に飲まないでください。一緒に飲むと副作用が起こる危険性がありますから。もし頭が痛くて頭痛薬を飲みたいときは、必ず病院で聞いてからにしてください。これは必ず守ってくださいね。

薬を飲むとき、一番注意しなければならないことは何だと言っていますか。

【正解】 4

> ことばと表現
> □ぬるま湯：ぬるいお湯
> □市販(する)：普通の店で売られること
> □副作用：side effect／副作用／부작용

6番（大学選びの理由） 54 CD2

男の高校生と女の高校生が話しています。男の高校生があおば大学を選ぶ理由は何ですか。

Ⓜ：もう進路決めた？
Ⓕ：うん、私は首都圏の大学に行きたいな。今、就職厳しいって言われてるし、就職活動のことを考えると、東京の大学に行ったほうが有利かなって。
Ⓜ：確かにそれはあるね。おまけに大学も多いからいろんなネットワークができそうだし。僕も就職は東京がいいんだけどね。でも、大学はあおば大学がいいかなって思ってる。
Ⓕ：えっ、どうして？ こんな田舎にいても仕方ないじゃない。実家から通いたいってこと？
Ⓜ：いやいや、せっかく大学生になるんだから、僕だって自由の身になりたいよ。でも、理系志望だから実験が多くてね。やっぱり施設が充実しているのが一番かなって。あおば大学は施設がいいんだよ。先生の評判もいいしね。
Ⓕ：まずは勉強第一ってことね。えらい。ま、研究室で実験続きの生活だったら、どこに住んでもあまり変わらないもんね。

男の高校生があおば大学を選ぶ理由は何ですか。

【正解】 3

> ことばと表現
> □首都圏：首都とその周辺の地域

7番（商品を選んだ理由） 55 CD2

家電量販店で、客と店員が話しています。客が商品を選んだ理由は何ですか。

Ⓕ：お客様、パソコンをお探しですか。こちらの商品、ただ今キャンペーン中で、年賀状用のソフトが無料で付いてくるんですが、いかがでしょうか。
Ⓜ：うーん、別に年賀状のソフトは要らないんだよな。
Ⓕ：ポイントも通常10パーセントのところ、こちらの商品は20パーセントになっていて、大変お得ですよ。
Ⓜ：ポイントねえ……。
Ⓕ：ポイントは1ポイント1円として、次回以降のお買い物にご利用いただけます。
Ⓜ：ポイントをもらう代わりに安くしてもらうことって、できないの？
Ⓕ：申し訳ございません。当店では……。
Ⓜ：ただねえ、ポイントをもらったところで、使うかどうか……。
Ⓕ：そうですか。でも、有効期限は2年間ありますし、電気製品だけじゃなくて、文房具やかばん、健康器具などのお買い物にお使いいただくこともでき

ますよ。
- Ⓜ：へえ、そういうのにも使えるんだ。
- Ⓕ：はい。3階で扱っておりますので、一度ご覧になってみてください。
- Ⓜ：まあ、文具は使うから無駄にならないかな。わかった。じゃ、このパソコン、お願いするよ。
- Ⓕ：ありがとうございます。

客が商品を選んだ理由は何ですか。

【正解】 4

ことばと表現
- □ 文具：文房具
- □ 値引き：値段を安くすること

問題3（概要理解）

1番（大学の最初の授業～建築学）

ある大学の最初の授業で、先生が話しています。

Ⓜ：このコースでは、世界的に有名な建築物を歴史順に見ていきます。古くはエジプト文明まで遡って、西洋、中東、アジアなど、さまざまな例を取り上げたいと思います。これら歴史的建築物にはそれぞれ独自の建築技術や建築様式が見られ、非常に興味深いものです。よく知られているものでは、ギリシャ、ゴシック、ルネサンスなどの建築様式があり、皆さんも本や映像、あるいは実物を見たことがあるんじゃないでしょうか。ただ、ここではむしろ、それらを生んだ時代の背景に、より焦点を合わせたいと思います。いわば、時代のシンボルとしての建築物を通して歴史を考察しよう、というアプローチです。

この授業の主なテーマは何ですか。
1. 建築の技術と装飾
2. 世界の建築物
3. 建築と時代背景
4. 建築の歴史

【正解】 3

ことばと表現
- □ 独自：独特
- □ 様式：style
- □ ギリシャ：Greece／希臘／그리스
- □ シンボル：symbol／象徴／심볼
- □ 考察(する)：よくわかっていないことを理解するために、よく調べ、考えること

2番（休養の取り方）

テレビで、男の人が話しています。

Ⓜ：毎日朝から晩まで働いている方は、たまの休みには家でごろごろしたいとお思いでしょう。しかし、ただごろごろしているだけでは、心身ともに元気にならないのです。休日はよく体を動かし、趣味

を楽しんで、リフレッシュしてみてはいかがでしょうか。睡眠が足りていないという方も多いでしょうが、毎日早寝早起きを心がけ、昼寝をする場合は15分程度にしてください。昼間1時間以上寝てしまうと、かえって体がだるくなってしまいます。夜なかなか寝られないという悩みも聞きますが、ぬるめのお風呂にゆったり入るといいでしょう。寝る前に軽い読書をするのも一つの方法です。うまく休養が取れていないという方は、これらの方法を一度お試しになってください。

主に何について話していますか。
1 休日の過ごし方
2 昼寝の仕方
3 寝る前の過ごし方
4 休養の取り方

【正解】 4

ことばと表現

□ **ごろごろする**：ここでは、何もしないで時を過ごすこと
□ **リフレッシュ(refresh)(する)**：元気を回復すること
□ **ゆったり**：狭くなく、ゆとりがある様子。くつろいで

3番 (町の活性化)

テレビでレポーターが話しています。

F：レポーターの田中です。この南山町は、若者が都会で就職したり、温泉目当ての観光客が減少傾向にあったりと、年々寂しくなってきました。そこで、町の人たちが考えたのが、地域の特産品を生かした町の活性化です。実は南山町は、トマトの生産が盛んなんです。いかにもおいしそうなトマトですが、実際、本当においしいんです。しかし主役は、形の悪いトマトや傷の付いたトマトです。これらをジュースやケチャップなどに加工することにしました。土産物屋や旅館などで売られるほか、今ではインターネットを通じて全国に販売されるようになりました。飲食店では、トマトを使ったさまざまなメニューが用意され、オリジナルのおいしいパスタやスープ、シチューなどを食べることができます。そのかいあって、この2年で、観光客も倍増したそうです。

レポーターは主に何について伝えていますか。
1 町の活性化
2 町のPR方法
3 観光目的の変化
4 トマトの加工方法

【正解】 1

4番 (若者の車離れ)

ラジオで、専門家が「若者の車離れ」について話しています。

M：国内で車が売れなくなっている要因として、多くの人が若者の「車離れ」を挙げています。確かに、車を持たない人が増えているように感じます。車がそれほど必要でなくなったということの表れかもしれません。交通機関の発達により、東京などでは車がなくても困りません。しかし、地方では話は別です。東京のように電車やバスがないので、車が頼りになります。この場合、収入に関係なく、車を買わざるを得ません。不況の影響で若者の収入が減り、「車離れ」を呼んでいると言う人もいますが、それでは説明がつきません。私の考えではやはり、若者の価値観の変化が大きいと思います。20年前は、車を持つことが一人前の大人になった証明にもなり、何よりも車がほしいと願う若者が多くいました。しかし今では、若者の価値観は多様になり、車もかつてのような魅力を持たなくなったのだと思うのです。

男の人は、若者が車を買わなくなった理由について、どう考えていますか。
1 収入が少なくなったから
2 運転免許を取るのが難しくなったから
3 魅力的な車がないから
4 価値観が変わったから

【正解】 4

ことばと表現

□ **挙げる**：例や理由などを示すこと
□ **一人前の大人**：大人として十分な能力を持っている人

5番（パソコンルーム利用の注意点）

講師が受講者に話しています。

Ⓜ：ファイルの保存方法についてですが、作成したファイルはデスクトップではなく、各自フラッシュメモリーに保存するようにしてください。デスクトップに保存しても、パソコンを閉じればデータはすべて消えてしまいます。次に、大事なことを言います。パソコンルームでは、飲食は禁止です。飲み物やあめ、ガムなどは、いずれも禁止です。もし教室の床にガムの紙などが落ちていた場合、使用を禁止することになりますので、皆さん注意してください。

講師は、何について話していますか。
1　ファイルの保存場所
2　データの保存方法
3　飲食をする際の注意
4　パソコンルームの使い方

【正解】 4

ことばと表現

□**デスクトップ**：desktop／桌面／데스크톱
□**フラッシュメモリー**：flash memory／快闪记忆体／플래시 메모리

6番（新しい社長）

会社で、男の人と女の人が新しい社長について話しています。

Ⓜ：ふう。
Ⓕ：あ、田中君。お疲れさま。今日、新プロジェクトのプレゼンだったんでしょ。どうだった？
Ⓜ：それがさ、急きょ社長も聞きに来ることになって……。緊張したよ。
Ⓕ：へえ。新社長がわざわざ？
Ⓜ：そう。いろいろ厳しく指摘されちゃったよ。
Ⓕ：そうなんだ。意外。優しそうな顔してるのに。
Ⓜ：顔は関係ないよ（笑）。でもまあ、厳しく言うだけじゃなくて、ちゃんと意見も聞いてくれて、アイデアはいいってほめてくれたよ。
Ⓕ：へえ、いいじゃない。私なんか、前の社長の前でプレゼンしたことあるけど、一方的にお説教されただけで、何もほめてもらえなかったよ。
Ⓜ：ああ、確かにちょっと強引なところがある人だったね。
Ⓕ：だから今、話を聞いて、意見を聞いてくれるなんていいなって思ったよ。
Ⓜ：そうだね。

女の人は、新しい社長についてどう思っていますか。
1　顔が優しそうなところがいい。
2　社員の意見を聞いてくれるところがいい。
3　厳しいことを言うばかりでよくない。
4　強引なところがよくない。

【正解】 2

ことばと表現

□**プレゼン**：プレゼンテーション（presentation）の略した言い方。企画や商品、計画などを紹介し、説明すること
□**急きょ**：急に、突然
□**指摘(する)**：大切な点や注意すべき点などを取り上げて示すこと
□**説教(する)**：preach／讲道／설교한다

問題 4（即時応答）

1番
- F：こちら2点はご自宅用ということでよろしいでしょうか。
- M：1　ええ、よろしいです。
　　 2　ええ、ご自宅ということです。
　　 3　ええ、お願いします。

【正解】3

2番
- M：こんなことなら、ゆうべカラオケなんて行くんじゃなかったよ。
- F：1　へー、カラオケ行ったんだ。
　　 2　え、行かなかったの？
　　 3　そうだね。行けばよかったね。

【正解】1

3番
- M：無事納品が完了しましたと、田中部長にお伝えいただけませんか。
- F：1　はい、今呼んでまいります。
　　 2　はい、そういうことで結構です。
　　 3　はい、承知いたしました。

【正解】3

ことばと表現
□納品：商品を納めること

4番
- M：誰か受付を頼めそうな人の心当たりない？
- F：1　そうか、それは大変だったね。
　　 2　ごめん、全然当たらなかった。
　　 3　うん、2人くらいいるよ。

【正解】3

5番
- M：授業、出ないの？
- F：1　お疲れ様、うちでゆっくり休んでて。
　　 2　うーん、ちょっと気分が悪くて……。
　　 3　うーん、それは困ったなあ。

【正解】2

6番
- F：最近、この駅のまわり、どんどん発展してるみたいだね。
- M：1　そうだね。人もすごく増えているみたいだよ。
　　 2　へえ、期待してたのに。どうしてかなあ。
　　 3　そう？　結構いいと思うけどね。

【正解】1

7番
- F：納品の期限を一週間ほど延ばしていただくことはできないでしょうか。
- M：1　そんなに延ばせるんですか。
　　 2　できないことはありませんが……。
　　 3　すみませんが、延ばしていただくことはできません。

【正解】2

8番
- M：何にしようかなあ……。
- F：1　お手洗い行ってくるから、これ頼んどいて。
　　 2　お手洗い行ってから、これ食べるね。
　　 3　お手洗いの後、これ食べるね。

【正解】1

9番
- M：ごめんね。言おう言おうって思ってたんだけど……。
- F：1　そっか。いよいよだね。
　　 2　えー、大丈夫なのに。気にしてたの？
　　 3　へえ、言わなかったんだ。

【正解】2

ことばと表現
□ そっか：「そうですか」のくだけた言い方

10番 (16 CD3)

F：来月こそ営業成績トップの座をとってみせます。
M：1　みんな期待していますよ。
　　2　どれどれ？　私にも見せてください。
　　3　ついにやりましたね。おめでとう。

【正解】1

ことばと表現
□ ～てみせる：「～する」という強い意志を表す

11番 (17 CD3)

M：あの、僕、倉庫に行くんで、ついでに、新しいインクも取ってきましょうか。
F：1　うん。取ってこよう。
　　2　ついでだから来てね。
　　3　ほんと？　助かるー。

【正解】3

ことばと表現
□ 助かる：ここでは、何かをしてもらって感謝する気持ちを表す

12番 (18 CD3)

M：この前頼んだプロジェクト案なんだけど、早めに出してくれないかな。
F：1　はい、そうしてみます。
　　2　それは早めに出していただかないと。
　　3　はい、来週明けでもいいでしょうか。

【正解】3

ことばと表現
□ プロジェクト(project)：研究や開発の企画・計画

□ 早め：決まった日時よりも早いこと

13番 (19 CD3)

F：罰則を作ったところで、問題は解決できないと思うんだけど。
M：1　そう？　私は解決できないと思う。
　　2　うん、確かに解決できそうだよね。
　　3　そうかな。少しは解決できるんじゃない？

【正解】3

ことばと表現
□ 罰則：penalty／罚则／벌칙

14番 (20 CD3)

F：新しく入った田中さん、もっとできる人かと思ってたけど。
M：1　まだ判断するのは早いよ。
　　2　できる人はやっぱり違うね。
　　3　うまくできないかもしれないね。

【正解】1

問題 5 (統合理解)

1番 (ダイエット方法)

大学で、学生たちが健康について話しています。

- M1：山田、どうしたの？ 随分スリムになったね。
- M2：うん、実は最近、ダイエットを始めたんだ。8キロやせたよ。
- F：へー、いいなあ。私、来月友達と海に行くから、絶対やせないといけないの。山田君はどんな方法でやせたの？ ひょっとして、最近はやりのバナナダイエット？ それとも運動？
- M2：やっぱり普段の食事だよ。とにかく、油を控えることだね。サラダには塩しかかけないし、フライとかの揚げ物は週1回だけにしたんだ。ただ、食事だけだと、なかなか減らないから、軽い運動と組み合わせたほうがいいよ。
- M1：へえ、すごいね。僕は、夜は付き合いで飲みに行くことが多いから、なかなか難しいなあ。前は朝ごはんを抜いたり、ダイエット食品を試したりしたこともあったんだけど、その分晩ごはんの量が増えてたしね。
- F：なるほどね。じゃあ、海のために、今日から1カ月、山田君のやり方を真似して、頑張ってみるよ。

女の人は、どのダイエット方法を試すと言っていますか。
1 バナナだけを食べる。
2 油の多い食品をとらない。
3 朝ごはんを食べない。
4 健康食品を食べる。

【正解】2

ことばと表現

- □**ひょっとして**：もしかして
- □**はやり**：流行
- □**揚げ物**：野菜や魚などを油で揚げた料理。てんぷらやフライドポテトなど
- □**組み合わせる**：二つあるいは二つ以上のものを選んで一緒にすること
- □**その分**：それに相当する程度。それだけ

2番 (会議室の予約)

市役所で女の人が職員と話しています。

- F：あのう、来月の7日に会議ができる部屋を借りたいんですが。人数は20人くらいです。
- M：7日、日曜日ですね。市民学習センターの集会室が午前中空いてますが。中央公園の正面口のそばにあります。
- F：公園の方ですか……。ちょっと場所が……。
- M：それでは、えーと……市民ホールの会議室でしたら、終日空いてますね。
- F：そこって西町でしたっけ？
- M：はい。さくら台駅から歩いて10分ほどのところです。あ、ここです。小学校の前です。あと、東町になりますが、地区センターも午後3時から空いてます。
- F：そこは駅から歩いて行けますか。
- M：行けなくもないですが、バスの方がいいかもしれません。あ、それと、地区センターの隣にある東図書館の会議室も午後はずっと空いてますよ。
- F：図書館も使えるんですか。そうですねえ……。でも、昼前に終わったほうがみんないいだろうから、ここですね。駅からも遠くないし。
- M：では、予約しておきますね。

女の人はどの施設を利用しますか。
1 市民学習センター
2 市民ホール
3 東地区センター
4 東図書館

【正解】2

3番 (夏野菜)

テレビで、専門家が夏野菜の効果について話しています。

- F：今日は今が旬の夏野菜とその栄養についてお話ししたいと思います。まずはトマトです。トマ

トはビタミンCやベータカロチンなどを多く含み、肌を美しくする効果があります。胃の調子を良くする効果もあり、暑くて食欲がないという方にもおすすめです。次はキュウリです。全体の96％が水分なので、大して栄養がないように思われるかもしれませんが、実は血圧を正常にしてくれるカリウムを多く含んでいます。高血圧でお悩みの方におすすめです。次はカボチャです。カボチャに含まれるビタミンAとCには、私たちの体をウイルスから守ってくれる働きがあるので、風邪予防に効果があります。最後にトウモロコシです。ビタミンB_1とB_2が豊富で、疲労回復に有効です。最近疲れているという方、いかがですか。

Ⓜ：夏野菜か。やっぱり夏の野菜は夏に食べるのがいいんだろうね。

Ⓕ2：じゃ、今夜は早速、夏野菜を使った料理でも食べようかな。最近どうも疲れやすくて。暑さのせいもあるかもしれないけど、なかなか疲れもとれないし……。

Ⓜ：ちゃんと食べてる？　お昼もあんまり食べてなかったんじゃない？

Ⓕ2：ご飯はいつもあのぐらいだよ。元々そんなに食べるほうじゃないから。それより佐藤さんこそ、食欲落ちてるんじゃない？

Ⓜ：まあ、毎日暑いからね。でも、それより風邪予防のほうが気になるな。去年、この時期に風邪ひいて大変だったんだよ。最近も、エアコンのせいでのどの調子がよくないし。

Ⓕ2：夏風邪って治りにくいっていうからね。気を付けないと。

（質問1）男の人はどの野菜を食べるといいですか。

（質問2）女の人はどの野菜を食べるといいですか。

【正解】(1) **3**　(2) **4**

ことばと表現

□ **旬**：最もいい時期
□ **高血圧**：hypertension／高血压／고혈압
□ **疲労回復**：疲れている状態から回復すること
□ **食欲が落ちる**：食欲がなくなること

第2回　模擬試験

問題1（課題理解）

1番（新しい製品のデザイン） CD3-24

男の人と女の人が会社の新しい携帯電話のデザインについて話しています。どのデザインにしますか。

Ⓜ：今度の新製品のデザインですが、現在これらの案が出ています。
Ⓕ：そうですね……。今回のテーマは「幅広い年齢層から支持される、使いやすいもの」ですからね。高齢者が見にくい、文字が小さすぎるものはやめましょう。
Ⓜ：わかりました。あと、ボタンで操作するのとタッチパネルで操作するのと、どっちがいいでしょう？　最近はタッチパネルが多くなっていますが、ボタンのほうが使いやすいという人も結構いますし……。
Ⓕ：難しいところですね。
Ⓜ：あとアンケートで、ポケットに入れているときに、知らない間に電話がかかってしまうことがあって困る、という声が目立ちました。
Ⓕ：そうですか。じゃ、それを避けるためにも、これが一番よさそうですね。たためば、だいぶコンパクトになるし。

どのデザインにしますか。

【正解】1

ことばと表現

□**幅広い年齢層**：いろいろな年齢の人
□**タッチパネル**：touch panel／触摸屏／터치 패널
□**折りたたむ**：折って、小さくする

2番（エントリーシート） CD3-25

会社で、女の人がインターンシップのエントリーシートについて説明をしています。提出するエントリーシートはどれですか。

Ⓕ：……以上が、弊社の今年度のインターンシップの概要です。次に、選考方法についてご説明します。皆さんにはまず、エントリーシートを提出していただくことになります。お手元の資料の中にある白い紙です。表裏両面ありますので、ご注意ください。6月5日を期限としますので、それまでにお出しください。郵送でも結構ですし、直接お持ちになっても結構です。そのあと、こちらから面接の日時についてのご連絡をします。面接は6月10日から12日を予定しています。なお、裏面の下のメモ欄は弊社の記入欄ですので、ここには何も書かないでおいてください。

提出するエントリーシートはどれですか。

【正解】1

ことばと表現

□**インターンシップ（internship）**：学生が在学中に企業に体験入社する制度
□**エントリーシート**：企業が就職希望者に提出させる個人の履歴などを書いた文書
□**弊社**：「私たちの会社」のへりくだった（自分を下に置いた）言い方。小社
□**両面**：ここでは、「紙の表と裏、両方の面」の意味

3番（広告サンプルの修正） CD3-26

会社で男の人と女の人が話しています。どのデザインにしますか。

Ⓕ：課長、広告のサンプルが上がってきたので、ちょっと見ていただけますか。
Ⓜ：どれどれ。う〜ん。写真は、右上のより左上のほうがいいんじゃない？
Ⓕ：そうですか。でも、左上のだと下の文字とのバラ

ンスが悪いと思うんですが。
M：うーん。それはそうだけど。写真だとどうしても目立っちゃうからなあ。じゃ、写真を絵に変えて、少しサイズを小さくしたらどうかな？ そうすれば、文字とのバランスもよくなるし。
F：そうですね。じゃ、文字のサイズはどうしますか。
M：そのままでいいんじゃない？

どのデザインにしますか。

【正解】 4

ことばと表現
□**上がってくる**：出来上がってくる

4番（ボランティアの登録）

市役所の窓口で、男の人がボランティアの申し込みをしています。男の人は、このあとすぐ、何をしますか。

M：あのう、ボランティア活動の申し込みはこちらでしょうか。
F：はい。こちらで受け付けております。申込用紙の記入はお済みでしょうか。
M：はい。
F：活動内容ですが、大きく分けて2種類ありまして、一つは定期的に行う清掃活動などです。もう一つは、災害時に食料の運搬などをするもので、大きな災害があった時にお願いすることになります。
M：そうですか。今のところ、両方できると思います。
F：では、こちらにチェックをお願いします。
M：はい。
F：ボランティアをする際の条件は心身ともに健康で、ボランティア保険に加入していただくことですが、健康診断書はお持ちでしょうか。
M：はい。健康診断は大学で受けたんですが、大丈夫でしょうか。
F：ちょっと見せていただいてもよろしいですか。
M：どうぞ。
F：はい。こちらでけっこうです。では、早速保険に加入していただくので、この用紙に必要事項を記入して、保険料をあちらの窓口でお支払いください。
M：はい、わかりました。

男の人は、このあとすぐ、何をしますか。

【正解】 4

ことばと表現
□**ボランティア活動**：自主的に社会事業などに参加して奉仕する活動
□**〜する際**：〜する時

5番（デザインの修正依頼）

会社で、女の人が取引先の人に電話しています。男の人はこのあと、何をしなければなりませんか。

F：お世話になります。ABC食品の山本です。送っていただいたサンプルで修正をお願いしたいところがいくつかあるんですが。
M：はい、どうぞ。
F：まず、商品名をもう少し大きくしてください。今の倍くらいでもいいです。
M：わかりました。
F：それから、3ページ目の表なんですが、行の幅をもう少し広げてもらえますか。
M：はい、わかりました。
F：あと、全体のバックの色がちょっと地味なので、もう少し明るい色にしてほしいんです。
M：わかりました。じゃ、いくつかパターンを出してみます。
F：お願いします。それで、今日の午後の会議でほかの者に見せたいので、正午までに表の部分だけ修正してメールで送ってもらえませんか。ほかの修正は明日までで結構ですので。

男の人はこのあと、何をしなければなりませんか。

【正解】 2

ことばと表現
□**取引先**：商売を行う相手
□**バック**：文字などに対して、背景の部分

6番（引っ越し前にすること） 29 CD3

家で男の人と女の人が話しています。女の人が引っ越しの前にしなければならないことは何ですか。

- Ⓜ：明日の引っ越しだけど、やることは全部やったかな？
- Ⓕ：うん、荷物も詰め終わったし。あ、ねえ、このソファー、どうするの？
  捨てるんだったら、手続きしなきゃ。
- Ⓜ：あ、それ、後輩に欲しいってやつがいたから、あげることにしたよ。明日の朝取りに来るって。
- Ⓕ：そう。よかったね、無駄にならなくて。あ、ねえ、今日ご近所に挨拶に行ったんだけど、下の田中さんだけ、留守だったの。
- Ⓜ：そうか。
- Ⓕ：どうしよう。明日、行く時間なんてあるのかなあ。
- Ⓜ：でも、田中さんにはよくしてもらったから、挨拶しておきたいな。
- Ⓕ：そうだね。
- Ⓜ：あ、そう言えば、住所変更のほうは？
- Ⓕ：携帯電話のだけまだなんだけど、郵便局で住所変更してあるし、とりあえずは大丈夫。
- Ⓜ：わかった。

女の人が引っ越しの前にしなければならないことは何ですか。

【正解】 2

ことばと表現
- やつ：人
- とりあえずは：今のところは
- 粗大ごみ：家具や家電などの大きなごみ

問題2（ポイント理解）

1番（老人の意見） 30 CD3

老人福祉施設のスタッフが、お年寄りと話をしています。お年寄りは、これからどんな活動がしたいと言っていますか。

- Ⓕ：山本さん、今日も元気に体操をしてましたね。
- Ⓜ：ええ。朝の体操はいいですね。気持ちがすっきりしますよ。座りながらできるのもいいですね。
- Ⓕ：それはよかったです。そういえば、昨日のクイズ大会、大活躍でしたね。
- Ⓜ：ついつい、はりきってしまいまして……。
- Ⓕ：山本さんのおかげで盛り上がりましたよ。
- Ⓜ：そうですか。あ、でも、あの後、みんなで歌を歌いましたよね。歌はどうも苦手で……。
- Ⓕ：そうでしたか。でしたら、聴いてるだけでもいいんですよ。
- Ⓜ：では、これからそうさせてもらいます。あ、そうそう、何かこう、みんなで教え合うようなことってできませんかねえ。
- Ⓕ：皆さんでですか。
- Ⓜ：はい。それぞれ皆さん、得意なことがあると思うんですよ。私は英語の教師をしてたんで、英語のゲームなんかしてみたいと思ってまして。
- Ⓕ：それはいい考えですね。早速ほかのスタッフと相談してみます。
- Ⓜ：よろしくお願いします。

お年寄りは、これからどんな活動がしたいと言っていますか。

【正解】 4

ことばと表現
- スタッフ：作業に当たる（すべての）人
- ついつい：「つい（そのつもりがないのにしてしまう）」を重ねて強めた語
- そうそう：何かを思い出したときに言う

2番（生活習慣病） 31 CD3

講演会で、講師が話しています。講師が今、最も心配しているのはどんな人ですか。

F：今日は生活習慣病についてお話しします。生活習慣病とは、食事や運動、睡眠、仕事、酒やたばこなど、日々の生活習慣や生活環境などとの関係が大きい病気のことです。年をとるとともに症状として表れ、悪くなると言われています。食事でいうと、脂っこいものや甘いもの、味の濃いものの食べ過ぎ、野菜不足などが原因とされます。予防としては、食生活に気をつけるほか、禁煙やお酒の量を減らすこと、適度に運動すること、などが挙げられます。しかし、お酒を飲まない、たばこを吸わない、運動が大好きという人でも、安心はできません。今、私が最も心配しているのは、毎晩遅くまで仕事をしている方です。仕事で会社にいる時間が長くなると、どうしても生活が荒れがちになります。このような方は、ぜひ今日から生活を見直していただければと思います。

講師が今、最も心配しているのはどんな人ですか。

【正解】 4

ことばと表現
- □生活習慣病：（食事の乱れ、働き過ぎ、たばこを吸うこと、など）問題のある生活習慣が原因となって起こる病気
- □脂っこい：食品が脂を多く含んでいる様子
- □どうしても〜：そうなりがちであること
- □乱れる：本来なら整っているはずのものが崩れること

3番（知事選の候補者） 32 CD3

知事選挙に立候補している男の人が、インタビューに答えています。男の人は、選挙で当選したら、まず何をしたいと考えていますか。

F：丸山氏は当選後の政策として、「新たな観光資源の開発」「地域経済の活性化」「財源の安定化」「福祉、教育サービスの充実」の4点を挙げられていますが…。
M：ええ、私が目指しているのは、子どもからお年寄りまで、すべての住民が安心して暮らせる社会です。これは、福祉や教育などのサービスが充実して初めて実現可能なものです。そのためには十分な財源の確保が不可欠なんですが、現在のわが県の経済状況を考えると、なかなか容易なことじゃありません。じゃ、どうすればいいかというと、わが県には十分に活用されていない観光資源というものがまだまだたくさんあるんですね。もちろん、すべてを観光に頼ろうというわけじゃありませんが、それらの観光資源を整備することによって、わが県を訪れる観光客を増やし、そこから地域経済を活性化させることが大いに期待できると思っているんです。

男の人は、選挙で当選したら、まず何をしたいと考えていますか。

【正解】 1

ことばと表現
- □立候補(する)：候補者として選挙に出ること
- □活性化(する)：機能や活動を活発にすること
- □充実(する)：必要なものが十分にあること
- □確保(する)：確実に手に入れること
- □不可欠：欠くことができないこと

4番（電子書籍） 33 CD3

母と娘が話しています。母親はどうして娘の意見にあまり賛成ではないのですか。

F1：お母さん、私ね、アルバイト代が入ったら、「電子ブックリーダー」を買うつもりなの。
F2：「電子ブックリーダー」？ 何それ？
F1：電子書籍を読む機械よ。ほら、最近インターネットで本をダウンロードできるでしょ？
F2：はー、お母さんにはそういうことはさっぱりわからないよ。それに、高いんじゃないの？
F1：そんなことないよ。機能を考えれば決して高い買い物じゃないと思う。本のデータだってすごくたくさん入れられるのよ。10冊や20冊なんてもんじゃないんだから！ だから重い本を何冊も持ち歩かなくてもいいってわけ。
F2：ふーん、機能がすぐれてるってことは何となくわかったけど、あなたの読書量じゃ、それがあろうがなかろうが関係ないんじゃない？

Ⓕ1：また、そういうこと言って。

母親はどうして娘の意見にあまり賛成ではないのですか。

【正解】 4

ことばと表現
- □**ブックリーダー**：電子書籍を読むための機器
- □**ふーん**：相手の話に対して、疑問や不満などの気持ちがあることを表す

5番（アポなし訪問） CD3 34

会社の受付で、女の人が男の人と話しています。男の人はこれから何をしますか。

Ⓜ：あのう、すみません。J食品の鈴木と申します。営業部の山田部長にお目にかかりたいんですが。
Ⓕ：かしこまりました。お約束はいただいておりますでしょうか。
Ⓜ：いえ。
Ⓕ：少々お待ちください。・・・申し訳ありません、山田はただ今会議中ですが。お急ぎでしょうか。
Ⓜ：いえ、急ぎではないのですが、できれば少しご挨拶できればと思いまして。まだしばらくかかりそうでしょうか。
Ⓕ：そうですね。さっき始まったばかりなので、あと1時間くらいはかかるかと。
Ⓜ：1時間ですか。では、また出直すことにします。
Ⓕ：かしこまりました。何か伝言を承りましょうか。
Ⓜ：じゃ、日を改めてまたご挨拶に伺いますとだけお伝えいただけますか。
Ⓕ：かしこまりました。

男の人はこれから何をしますか。

【正解】 4

ことばと表現
- □**出直す**：もう一度来る
- □**日を改めて**：ほかの日に

6番（友人宅への手土産） CD3 35

男の人と女の人が話しています。男の人は友人の家に何を持っていきますか。

Ⓜ：原さん、ちょっといい？ 今度の土曜日、山田さんの実家でお昼を一緒にってことになってね。
Ⓕ：へー、そうなんだ。
Ⓜ：で、何か手土産を持っていこうと思うんだけど、どんなのがいいかなあ。前にワインを持っていったことがあるけど。
Ⓕ：いいんじゃない。あ、でも、山田さんのうちって、ご両親と……。
Ⓜ：あと、高校生の妹。
Ⓕ：そうねえ……。私だったら、みんなで食べられるケーキとか持っていくけど。
Ⓜ：でも、お母さんがお菓子作りが趣味らしくて。ひょっとしたら、ケーキをたくさん作ってくれてるかも。
Ⓕ：そっかあ。お菓子が無難なんだけどね。……あ、そう言えば、さっき、新しいお店のチラシをもらったんだ。どう、これ？
Ⓜ：……花束？
Ⓕ：と思うでしょ。実は……。
Ⓜ：わかった、チョコレートだ！
Ⓕ：これなら見た目もきれいだし、もしお母さんが手作りのケーキを用意しても、しばらくとっておけるでしょ。
Ⓜ：そうだね。飾っておいてもいいし。ありがとう。

男の人は友人の家に何を持っていきますか。

【正解】 4

ことばと表現
- □**手土産**：人を訪問するときに持っていくちょっとした贈り物
- □**ひょっとしたら～かも**：もしかしたら～かもしれない
- □**花束**：bouquet／花束／꽃다발

7番（消費者をだますウェブサイト） 36 CD3

電話で、女の人と男の人が話しています。女の人は、どんなアドバイスをしましたか。

- Ⓕ：はい、国民生活センターです。
- Ⓜ：鈴木と申しますが、実は、子供がインターネットの変なページに引っかかったみたいで……。3万円払うようにというメールが来たんです。払わなければ家にお金を取りに来る、とも。子供が言うには、「無料でゲームができる」と書いてあったからクリックしたら、「登録が完了しました……3万円です」というような表示が出たらしくて。「子供が間違えたから払えない」って電話したほうがいいんでしょうか。
- Ⓕ：いえ、これもよくある詐欺です。本来なら、パスワードや支払い情報が必要なので、知らない間に登録なんてことはありません。払う必要はないので、電話はなさらないでください。もし電話したら相手に番号が知られて、何度も電話がかかってきますから。
- Ⓜ：そうなんですか。
- Ⓕ：今後は「無料」と書いてあってもすぐには信用しないことです。またお金を払うように言ってきても、無視してください。
- Ⓜ：わかりました。ありがとうございました。

女の人は、どんなアドバイスをしましたか。

【正解】 3

ことばと表現

□ **詐欺**：お金や品物をだまし取ったり、相手に損害を与えたりすること

問題3（概要理解）

1番（デフレ経済） 37 CD3

大学の経済学の授業で、先生が学生に話しています。

- Ⓜ：みなさんの中には、ものの値段が下がると、人々がたくさんものを買うため、経済の状態がよくなって生活が楽になると思っている人がいるかもしれません。でも、実はそうではありません。物価の下落によって、デフレーション、つまりデフレに陥るおそれがあります。
デフレは、景気が悪くものが売れない状態を指します。デフレでは、社員の給料が下がったり、企業が倒産したりといったことが起こります。企業は作った商品を余らせないため、商品の値段を下げますし、給料が下がった社員の家庭は、ものを買わないようにします。この結果、物価が下がり続け、経済活動が縮小していくのです。

この先生は、何の話をしていますか。

1. 国民にものを買わせるためにどうするか。
2. 物価が下がるとどうなるか。
3. 社員の給料が下がるとどうなるか。
4. 企業を倒産させないためにどうするか。

【正解】 2

ことばと表現

□ **下落（する）**：物価や相場、また、物の価値などが下がること
□ **デフレーション**：物価が下がり続けること。デフレ
□ **陥る**：望ましくない状態になること

2番（新人女優へのインタビュー） 38 CD3

テレビのインタビューで女優が話しています。

- Ⓜ：おめでとうございます。今回、山田さんは新人女優賞を受賞されましたが、今どんなお気持ちですか？
- Ⓕ：そうですね。この賞は私にとって小さい頃からの夢だったので、本当にうれしいです。思えば、今まで、つらいこともたくさんありました。時には、女優をやめたいと思ったこともありました。でも、

そんなとき、私の母がいつも言っていた「あきらめずに努力を続けること。そうすれば、夢はきっとかなう」という言葉を思い出してがんばってきました。これからも、この言葉を忘れないで新たな目標にチャレンジしていきたいです。

この女優は何について話していますか。

1 女優の仕事がつらかったということ。
2 夢をあきらめてはいけないということ。
3 新たな目標を持つべきだということ。
4 人の言った言葉を忘れてはいけないということ。

【正解】 2

ことばと表現

□時には：時々、たまに
□夢がかなう：夢が実現すること

3番（新しい製品のデザイン） 39 CD3

男の人が新しいロボットについて説明しています。

Ⓜ：こちらは、現在開発中のロボット、MR2です。このMR2は、特に人手不足と言われている介護の分野において、介護者の負担を大幅に軽減できるのではないかと期待されています。抱きかかえなどの重労働のほか、介護に必要なきめ細やかな動作も可能です。また、この部分は取り外しができて、自動掃除機として使うことができます。お年寄りのお世話など、いろいろな業務で忙しく、掃除までなかなか手が回らないという時にはとても役立ちます。さらにMR2には、最新型の防災用の機能も付いておりまして、火災やガスもれをいち早く感知したり、停電の際に照明や発電機の役割を果たしたりもします。なお今後は、このMR2の技術を、防犯や家事労働など、生活全般にも応用していきたいと思います。

男の人はどのようなテーマで話をしていますか。

1 ロボットを使った介護サービス
2 新しいロボットの動きの特徴
3 ロボットにできることとできないこと
4 ロボットの技術を用いた新ビジネス

【正解】 1

ことばと表現

□人手不足：働く人が足りないこと
□取り外し：付けてあるものを外すこと
□手が回らない：ほかのことで忙しくてそこまでできない
□〜もれ：液体や気体などがもれること
□いち早く：真っ先に、すばやく

4番（イベントホールの予約） 40 CD3

市役所の人が留守番電話にメッセージを残しています。

🅕：あ、もしもし。やまと市のイベントホール担当の者です。インターネットでお申し込みいただいた8日(土曜)午前9時から12時までのイベントホールのご利用の件ですが、8日は8時からホール全体のクリーニングを行うことになっておりまして、9時からの利用開始は難しそうです。10時からであれば問題なくご利用いただけます。もしご変更いただけるなら、午前10時から午後1時まででご予約をお取りしますので、折り返しご連絡いただけますでしょうか。ご連絡がなかった場合には、恐縮ですがお申込みをキャンセルさせていただきますのでご了承ください。お手数をおかけしますが、よろしくお願いいたします。

市役所の人は何について話していますか。

1 イベントホールの申込方法
2 イベントホールが利用できる日
3 イベントホールが利用できる時間
4 イベントホールの予約のキャンセル

【正解】 3

ことばと表現

□イベントホール：イベントを行うための施設、または施設内の場所
□折り返し：電話や手紙などにすぐ返事をすること
□ご了承ください。：ご理解ください。
□お手数をおかけしますが、…：「面倒なことをさせてすみませんが」という意味で、他人に何か頼むときに使う言い方

5番(劇を見た感想)

男の人がインタビューに答えています。

Ⓜ:本当に素晴らしかったです。高校生の時に原作を読んだことがあって、すごく感動したのですが、その時の感動が再びよみがえりました。特に、主人公を演じたナカムラ・ケンさんの演技がよかったです。一番前の席で見ていたので、彼のよく通る大きな声と迫力ある演技にずっと圧倒されていました。

何の感想を述べていますか。

1 映画
2 テレビドラマ
3 劇
4 小説

【正解】3

ことばと表現
□感動がよみがえる:昔感じた感動をもう一度感じる
□主人公:物語の中心人物
□演じる:play a part／饰演／연기하다
□通る:ここでは、声が遠くまで伝わるという意味
□迫力:見る人や聞く人の心に強く迫る力

6番(留守番電話〜待っててほしい)

携帯電話に留守番電話のメッセージが入っていました。

Ⓜ:あ、山田です。もうコンサート会場に向かっている途中でしょうか。申し訳ないんですが、待ち合わせの時間を少し遅らせてもらえないでしょうか。実は、さっき電車の中に荷物を置き忘れちゃいまして、今からそれを取りに行きたいんです。幸い、ものはすぐ見つかって、今、東京駅のほうに保管してあるということなんです。30分くらい遅れてしまうんですが、どこか喫茶店にでも入って待っててもらえないでしょうか。またあとで電話します。

留守番電話の内容はどのようなことですか。

1 コンサートに間に合わない
2 電車の中の荷物を取ってきてほしい
3 遅れるので待っていてほしい
4 一緒に喫茶店に行きたい

【正解】3

ことばと表現
□置き忘れる:物を置いたままにして、持ってくるのを忘れる

問題4（即時応答）

1番 43 CD3

F：ねえ、ちょっとノート貸してくんない？
M：1 うん、貸してくんない。
　　2 しょうがないなぁ……。
　　3 えー、借りてよー。

【正解】2

ことばと表現
□**～てくんない**：～てくれない（親しい人に対して使う）

2番 44 CD3

F：3時からの会議の資料は、なんとか間に合いました。
M：1 よかった、ありがとう。
　　2 そうか、簡単だったんだね。
　　3 だったら手伝うよ。

【正解】1

3番 45 CD3

M：彼女、ピアノ、すごくうまいんだって？
F：1 ほんと、上手だよね。
　　2 もう、うまいのなんのって。
　　3 うん、ちょっとだけなら。

【正解】2

ことばと表現
□**～のなんのって**：とても～（感想などを強調して言う表現）

4番 46 CD3

F：ちょっと飲んで行かない？
M：1 ううん。行かないことにした。
　　2 ごめん。今月厳しくて……。
　　3 いや、やっぱり行かない。

【正解】2

ことばと表現
□**飲んで行かない？**：ここでは、「お酒を飲みに行かない？」の意味
□**厳しくて**：お金が足りなくて厳しい、大変

5番 47 CD3

M：自転車、ここに止められると困るんですよ。
F：1 あ、すみません。
　　2 あ、大丈夫ですよ。
　　3 あ、ご苦労様です。

【正解】1

6番 48 CD3

F：わざわざお越しいただいたんですか。
M：1 いえいえ、近くまで来たもんですから。
　　2 いやあ、それはありがたいです。
　　3 では、改めてまいります。

【正解】1

ことばと表現
□**わざわざ**：ほかのことのついでではなく、特にそのためだけに行う様子

7番 49 CD3

F1：来週の山田さんの結婚式、何着てく？
F2：1 うーん、これで足りるかなあ。
　　2 そうだねえ、何着て行こっかなあ。
　　3 それは、難しいかなあ。

【正解】2

8番 50 CD3

F1：あの子の態度、白々しいったらなかったよね。
F2：1 うん、色が白くてうらやましい。
　　2 いや、そこにあったと思うよ。

3 そうだね、見てていやな感じがした。

【正解】3

ことばと表現
□ **白々しい**：うそである、本気でないことがすぐにわかる様子

9番
- F：差し支えなければ、来週のミーティングの時間を変更させていただきたいんですが。
- M：1 いえいえ、どうぞお構いなく。
  2 はい、どのように変更させますか。
  3 ええと、何時にでしょうか。

【正解】3

ことばと表現
□ **差し支えなければ**：問題がなければ、迷惑でなければ

10番
- M：さっき、会議でプレゼンしたんだけど、あんまりうまくいかなかったよ。
- F：1 いつもこうだったら、いいね。
  2 そっか、次にがんばればいいよ。
  3 うまくいけばいいのにね。

【正解】2

ことばと表現
□ **プレゼン**：プレゼンテーション（presentation）の略した言い方。企画や商品、計画などを紹介し、説明すること

11番
- F1：あ、それ新しいピアス？ すごく似合ってる。
- F2：1 全然すくないよ。
  2 そう？ 割と安かったんだよ。
  3 似合ってないかなー。

【正解】2

ことばと表現
□ **ピアス**：pierced earrings／耳钉／피어스

12番
- F：田中さん、お久しぶりです。お変わりありませんか。
- M：1 ええ。相変わらず忙しいです。
  2 いいですよ。私が代わってあげましょう。
  3 いえ、代わりはいないんです。

【正解】1

13番
- M：今度の司会を吉田さんにと思っているんだけど、原さんからそれとなく伝えてくれない？
- F：1 はい、言っておきます。
  2 いえ、それよりあれのほうがいいと思います。
  3 そうですか、何気ないですね。

【正解】1

ことばと表現
□ **それとなく**：はっきりそれとは言わないで、遠回しに

14番
- F1：思い切って男性をメインの対象にしたら？
- F2：1 確かに、女性のほうがいいですね。
  2 うん、そういう手もあるね。
  3 いや、そんなことないと思う。

【正解】2

ことばと表現
□ **思い切って～する**：決心して、簡単にはできないようなことをする

問題5（統合理解）

1番（治療方針）

病院で医者と患者が話しています。

M：それでは、今後の治療方針について確認をしたいんですが。

F：はい。

M：こちらとしましては、2カ月ほど入院していただいて、治療に専念するのが一番いいと思うんです。

F：え、2カ月ですか。それはちょっと……。あのう、私、つい最近、会社で重要な立場になったばかりで……。会社を休んで入院っていうのはちょっと無理だと思います。

M：そうですか。まあ、通って治療というのもできないことはないんですが、それだともっと時間がかかるのと、先ほどご説明した通り、今回の病気は精神的なもの、つまり、ストレスが原因の一つとして考えられるんですね。入院していただければ、そういった要因も少しは軽減されて、治療にもいい効果が出るんじゃないかと思うんです。

F：はあ……。確かに集中して治療したほうがいいっていうのはわかりますし、ストレスが原因っていうのもなんとなく……。去年からちょっと大きな仕事を任されることが多くなって、上司と部下の間でいろいろと苦労してますから。

M：じゃ、なおさら、仕事はお休みになられて、治療に専念なさったほうがいいと思うんですけどね。

F：ただ、その大きな仕事っていうのが、前々からやってみたかったことでして……。それをやらないとなると、そのほうがストレスになるんじゃないかって思うんです。

M：そうですか。わかりました。でも、決してご無理はなさらないように。

F：わかりました。

女の人はどうすることにしましたか。

1 治療に集中したほうがいいので、入院して治療する。
2 仕事のストレスが病気の原因になっているので、入院して治療する。
3 それほど深刻な病気ではないので、入院せずに治療する。
4 やりたい仕事があるので、入院はせずに治療する。

【正解】4

ことばと表現

□ **～としましては**：「～としては」の丁寧な形。この場合、「私（＝医者）の立場から考えると」の意味
□ **専念(する)**：そのことだけに集中すること
□ **通院(する)**：治療のために病院に通うこと

2番（テレビの調子が悪い）

電話で客と店員が話しています。

M1：すみません。先週買ったテレビなんですが、画面が時々チカチカして、ちゃんと映らないんです。それで、修理をお願いできないかと思って……。

M2：修理をご希望ですね。では、まず製品の状態を確認させていただきます。製品の状態によっては修理になるかもしれませんし、先週ご購入されたばかりということなので、ほかの新しいものとの交換になるかもしれません。

M1：わかりました。えっと、確認はどういうふうにするんでしょうか。すぐに見てもらえるんでしょうか。

M2：商品を当店にご持参いただいた場合は即日確認できますが、業者がご自宅にうかがう場合は、数日お時間をいただいております。

M1：そうですか。別にすぐでないと困るというわけでもないし、持っていくのも大変だしね。来てもらおうかな。

M2：かしこまりました。お伺いの日時ですが、いつがご希望でしょうか。

M1：そうだなあ……。17日の午前がいいかな。

M2：17日ですね。では、詳しい時間については、担当の者から後ほどお電話を差し上げて、確認させていただきます。

M1：わかりました。

客はこのあと、どうしますか。

1 お店にテレビを持っていく。
2 お店で新しいものと交換してもらう。
3 家でテレビの状態を確認してもらう。
4 家に新しいテレビを持ってきてもらう。

【正解】 3

● ことばと表現
□ **チカチカ(する)**：光がついたり消えたりする様子
□ **即日**：その当日
□ **業者**：企業などから注文を受け、サービスを提供する者、会社　例：配送業者

● ことばと表現
□ **〜なんか**：〜など
□ **日本画**：日本の伝統的な技法・様式に従って描かれた絵画
□ **体験**：実際に自分で経験すること

3番（町に関する情報）

二人の女の人が、タクシーの運転手と話しています。

F1：あのう、ここ、仕事で初めて来たんですが、観光におすすめの場所って、どこかありますか。

M：そうだねえ。この辺だと、わかば公園や、生ハム工場、山田タダシ美術館なんかが人気ですね。美術館は日本画のコレクションが有名で、県外からのお客さんも多いですよ。あとは、少し郊外に行けば、あさひ牧場というのがあって、チーズ作りや、乗馬体験などが楽しめますね。

F1：へえ、いろいろあるんですね。どれもおもしろそう。

F2：でも、午前は仕事でつぶれるし、6時には駅に戻りたいから、2〜3カ所しか行けないね。

M：そうですか、それなら、郊外はちょっと難しいですね。じゃあ、まず公園で花を見て、そのあとで、工場、最後に美術館に行くっていうのはどうですか。お昼は、工場内のレストランで食べられますから。

F2：うーん、できたらお昼はこの地方の名物の魚料理を食べてみたいと思ってるんです。

M：それなら、工場でのお昼はやめにして、美術館の近くのレストランでとったらどうですか。おいしいところをご紹介しますよ。じゃあ、反対回りで行きますか。

F1：あ、それはいいですね。じゃあ、そうしよっか。

F2：うん、いいね、そうしよう。

(質問1) 女の人たちは、最初にどこに行きますか。

(質問2) 女の人たちは、どこで昼ごはんを食べますか。

【正解】(1) **3**　(2) **4**